Ce livre est dedié, avec affection et admiration, à **Dany Jucaud** et **Catherine Tabouis** qui connaissent le festival de Cannes par cœur et les célébrités mieux que n'importe qui,
ainsi qu'à la mémoire de **Roger Thérond**, patron historique de *Paris Match*.

PAGES 1 ET 192

1954 Pour un cliché exceptionnel dans l'histoire du Festival, les photographes de *Paris Match* demandent à toutes les stars présentes à Cannes lors de cette édition de paraître au balcon du Carlton.

Si le festival de Cannes m'était conté...

Henry-Jean Servat

préface Monica Bellucci

PARIS MATCH filipacchi

préface

En principe il y fait beau et chaud chaque année. En mai, à Cannes, la Croisette met son habit de lumière : le moment est venu pour elle d'être assaillie par la multitude de visiteurs qui composent le cinéma mondial. Depuis un an déjà, dans l'ombre, beaucoup conjuguent leurs efforts pour créer le spectacle qui servira d'écrin au plus grand marché international du film.

Aux quatre coins de la planète, producteurs, réalisateurs et acteurs espèrent secrètement que le fruit de leur passion et de leur travail fera partie de la fameuse sélection officielle. Chacun a raison d'y croire avec ferveur car Cannes est le festival de tous les possibles.

Un festival que je connais bien et dont j'apprécie la liberté de penser. J'y ai fait de merveilleuses rencontres. Il m'a porté chance et continue aujourd'hui à me porter bonheur. À plusieurs reprises j'ai monté les marches pour accompagner des longs métrages ou pour présenter des cérémonies d'ouverture et de clôture. Une année, j'ai aussi eu l'honneur de faire partie du jury.

Les cinémas du monde entier sont représentés à Cannes. J'aime cette infinie richesse et cette incomparable diversité. Car si c'est l'Italie – dont les plus belles actrices se sont illustrées sur la Croisette – qui m'a ouvert les portes du septième art, je n'ai jamais cessé de me jouer des frontières et d'être attentive à tous les cinémas, de tous les continents.

A Cannes, on admire, on rêve mais on disserte aussi, on lutte, on acquiert une conscience, on prend position, on fantasme, on pleure, on passe par toutes les couleurs et par toutes les émotions, mais toujours en vingt-quatre images seconde.

Pour des dizaines de milliers de festivaliers, entre le marathon des séances, la folie des soirées et le spectacle vivant, les douze jours cannois s'égrènent inexorablement au rythme haletant de la montée des marches. Et quand le rideau tombe enfin et que la ville, épuisée, se vide, chacun se surprend déjà à rêver à la prochaine compétition. Moi la première.

Le cinéma est ma vie. Je ne pourrais pas m'en passer, d'une façon ou d'une autre. Grâce au Festival de Cannes, j'ai réalisé que, si je n'étais pas actrice, je choisirais d'être spectatrice, à vie.

introduction

Derrière les palmiers de sa plage, Cannes est une ville de bord de mer, foisonnante de végétation exotique, baignée de mémoire collective et auréolée d'un festival de rêves. J'y posai le pied pour la première fois en 1971, année de *Mort à Venise*. À la suite de mille hésitations, l'école supérieure de journalisme de Lille m'y avait envoyé, tout en trouvant cette demande de stage bizarre, avec une carte qui ne permettait d'entrer nulle part. Je me souviens d'avoir vu Luchino Visconti, mon idole, au sortir d'une projection de son film, courir sur le trottoir de la rue d'Antibes. Une rumeur lui faisant cortège racontait qu'il avait rendez-vous avec Greta Garbo, cachée au Carlton, pour lui offrir un rôle. Le passé et le présent, la réalité et la légende s'embrassaient et m'embrasaient. Autorisé à rien, je devais ruser, pousser les portes dérobées, ramper sous les plantes vertes et escalader les balustrades – ce qui serait impossible aujourd'hui – sans me faire remarquer par la terrible attachée de presse du plus célèbre festival du monde.

Plus tard, rentré des États-Unis où j'avais poursuivi des études, je retrouvai Cannes et ses sarabandes pour *Midi Libre*, *Le Film français* et *Libération*. Par-delà la légende qui l'habite – les lords anglais, les yachts immaculés, les princes russes et les jet-setteuses cosmopolites –, l'endroit accueille, une fois l'an, à la fin du printemps, une manifestation cinématographique qui tient autant d'un carnaval d'illusions et de frivolités que d'une foire d'empoigne.

Un beau soir de 1987, aussi resplendissante qu'une perle dans sa coquille, Elizabeth Taylor arriva. Cinq mille journalistes étaient présents. Je fus le seul à la rencontrer. Et à réaliser un entretien. Ce fut compliqué mais j'y parvins. Du coup, épaté parce qu'il me croyait doté d'un culot d'enfer là où je ne m'étais montré que pressant et poli, Roger Thérond, patron historique de *Paris Match*, m'engagea. Ce fut dès lors la République pour moi. Mandaté par ce journal alors extraordinaire, je déjeunais seul à seul avec Clint Eastwood ou Tom Cruise dans leur cabanon de plage. Je passais l'après-midi à l'Éden Roc, sortant de chez Jane Fonda pour entrer, porte voisine, chez Meryl Streep. C'était Gatsby sur la piste aux étoiles. C'était du *Paris Match* de haut vol et de grande époque. Être avec les stars, tout près et tout contre. Dans ce temple des illusions, le nom de *Paris Match* – que tous les acteurs du monde connaissaient – ouvraient les portillons à double battant.

En vingt ans, les choses ont bien changé. Avec ses fards, ses fastes et ses frasques, le Festival est devenu la capitale mondiale de la volupté de paraître, que les célébrités, avec moins de poésie, traversent à toute vitesse. Les affaires, la frénésie ont droit de cité. La folie s'est envolée. Mais pour un magazine qui cherche à chroniquer les mœurs spectaculaires de son temps, Cannes reste un formidable terrain de jeux, une mine d'or et un champ d'analyse d'exception.

Ce livre, qui se promène sur six décennies de remue-ménage en tout genre, n'est ni complet, ni encyclopédique, ni pédagogique. À Cannes, il y a à boire et à manger pour chacun, tout journaliste y fait son miel et tout festivalier y trouve son bonheur. L'ouvrage présent raconte des moments de grâce et de ferveur, des instants d'histoire et d'éternité au milieu d'une ruche de complots, d'humiliations, d'extases et de voluptés qui, à leur manière, radiophotographient le cinéma, la culture et le monde.

À Cannes, les photographes de *Paris Match* et moi-même n'étions pas partout. Nous n'avons pas tout vu, tout enregistré. J'ai ainsi oublié bien des faits et des gestes. Mais chaque année, avec des gens délicieux, j'y vois, scrute et rends compte de l'ordre du monde et du désordre des temps, du cours des choses et des vagues de la mode. Le ridicule et le sublime, le spirituel et le mondain, l'outrance et le mystère de Cannes auxquels j'assiste depuis plus de trente ans, laissent, depuis toujours et pour longtemps encore, les foules sentimentales excitées, énervées, estomaquées, ébaubies, éberluées, étonnées, éblouies, exsangues. Épatées.

HJS

Bienvenue
à
tous
festival de

sommaire

1953 Jean Cocteau peint l'affiche de bienvenue de la 6e édition. Cette année-là, il est président du jury. Il le sera à trois reprises. En ouvrant la manifestation, il déclare : « Ce Festival sera celui de la gentillesse. » Il donne l'exemple : sur la scène des Ambassadeurs, il a le geste spontané de ramasser les fleurs qu'on lui jette pour les offrir aux vedettes.

emporté par la foule

La première apparition à Cannes de **Nicole Kidman**, alors mariée à Tom Cruise, date de 1992 pour le western *Horizons lointains*. Tous deux séjournent à l'hôtel du Cap et posent ensemble devant les vagues. Ils passent quelques jours en amoureux dans les cabanes, sur la plage de rochers où ils reçoivent des journalistes, un par un, à déjeuner. Nicole Kidman revient, solitaire, en 2001, pour *Moulin-Rouge*, en gala d'ouverture, entourée des girls du cabaret parisien. En **2003**, elle accompagne *Dogville* de Lars von Trier. Lors de la conférence de presse, après avoir été mitraillée par des centaines d'objectifs, elle explique que, c'est sûr, elle arrêtera le cinéma lorsqu'elle retombera amoureuse. « Ce métier me prend trop de temps et mange ma vie privée. Lorsque j'aurai rencontré quelqu'un que j'aimerai, je n'aurai plus envie de donner autant de moi sur la pellicule », annonce-t-elle sobrement. En attendant, les photographes, en rangs serrés, en profitent.

À Cannes, la mer, on la voit danser le long du golfe clair. À Biarritz aussi. Les deux villes baignées de flots bleutés se trouvent, au moment où commence cette histoire, prises dans la même tempête. Cela parce qu'en septembre 1938, loin de là, dans le train qui le ramène de Venise à Paris, l'historien Philippe Erlanger fait des vagues. Directeur de l'Association française d'action artistique, il revient de la Mostra. Et il peste à toute vapeur. Sous la pression conjuguée d'Hitler et de Mussolini, le grand prix du Festival de Venise vient en effet d'être décerné aux *Dieux du stade*, de Leni Riefenstahl, cinéaste sacrée chantre patenté du Reich nazi. Pour Erlanger, il ne saurait être question de laisser le cinéma, art qui emporte les foules, aux mains des fascistes.

Il constitue donc un dossier et, bientôt aidé par Suzanne Borel qui n'est autre que Mme Georges Bidault, épouse du futur président du Conseil, il propose la création d'un grand festival de cinéma en France. Les ministres applaudissent des deux mains à cette idée et allouent des crédits du bout des doigts. Le lieu reste à choisir. Le gouvernement hésite entre Cannes et Biarritz. À entendre Jean Cocteau ne pas tarir d'éloges sur les mimosas qui bercent la Côte d'Azur de parfums languissants, à apprendre la création, à Nice, des studios de la Victorine et à visiter les installations hôtelières des deux villes, la décision officielle estampille Cannes, et tout est réglé en quatre mois pour une ouverture en fanfare dès 1939, le 1er septembre. Le Festival doit durer jusqu'au 20.

À la fin du mois d'août, jette l'ancre dans la baie le paquebot qui, affrété par la Metro Goldwyn Mayer, débarque sur la Croisette un bataillon de ses stars. La population locale n'en croit pas ses yeux. Mae West, Norma Shearer, Cary Grant, Annabella, Tyrone Power, Gary Cooper, Charles Boyer n'en croient pas leurs oreilles. La foule les ovationne. Portés aux nues, ils découvrent ainsi, dans une ambiance de foire du Trône, la banderole de bienvenue apposée au fronton du casino des Fleurs, des rangées de chaises de jardin pliables et les drapeaux de vingt nations hissés haut. En attendant les flonflons du grand soir, un orchestre de musette fait déjà valser le beau monde, et l'empereur d'Annam ouvre le bal au bras de la duchesse de Windsor. Louis Lumière préside ce premier Festival, et Jean-Daniel Domergue peint sur la toute première affiche le dos nu d'une élégante portant choucroute. La foule, au rendez-vous, bat des mains et tape des pieds, mais le tapage du monde extérieur se fracasse, soudain, contre la manifestation balbutiante lorsque éclatent, d'abord le 29 août, l'ultimatum allemand, puis le 3 septembre, la déclaration de guerre. Illico presto, la foule reflue, chacun replie ses paquets et repart chez soi. Quelques vagues promesses de retrouvailles sont lancées, même heure l'année prochaine, mais personne n'y croit.

Il faut attendre le 20 septembre 1946 pour que reprennent, au son des tambours et des trompettes, le corso fleuri et la bataille de jonquilles. La mort de Raimu, annoncée ce même jour, casse un peu l'ambiance, mais banderoles peintes et chaises pliantes refont leur apparition. Pendant que commence à s'écrire la légende de Cannes, les commerçants entreprennent une grève perlée de peur de voir leurs activités locales perturbées, les spectateurs déclenchent des manifestations d'hostilité et les journaux français lancent des campagnes de dénigrement. Les foules applaudissent à tout va.

Pourtant, peu de journalistes se sont déplacés, tout comme lors des éditions suivantes. Les échos ne sont pas légion et les entrefilets rares. Le chargé de presse Georges Cravenne les guette avec fébrilité et encadre les malheureux articulets qui paraissent. Néanmoins, on s'amuse. La starlette Martine Carol fait la bombe en fausse blonde. La star Rita Hayworth affole en vraie rousse. Les projectionnistes du casino municipal affrontent quatre arrêts de bobines pendant *La Bataille de Berlin* qui bat pavillon soviétique. La délégation communiste tire sa révérence. Mais, pour faire bonne mesure, les mêmes projectionnistes entremêlent aussi les bobines du film américain *Notorious* qui démarre sur sa fin. Tout le monde se réconcilie et s'embrasse, sur fond de feux d'artifice. Le secrétaire d'État à l'information, François Mitterrand, y va d'un beau discours après *La Marseillaise* entonnée par la diva Grace Moore, en présence de Paul Éluard. L'acteur hollywoodien Ray Milland, en écrivain alcoolique dans *Le Poison*, et Michèle Morgan, ses beaux yeux dans un rôle d'aveugle pour *La Symphonie pastorale*, sont couronnés du prix de la meilleure interprétation. Dix-neuf pays ont envoyé quarante-neuf films présentés durant seize jours en quatorze langues. La plupart sans sous-titres. Pour ne froisser personne, un prix du meilleur film est décerné à chaque pays, et les trophées sont des toiles de jeunes peintres français. Michèle Morgan a encore le sien accroché dans son salon. *La Bataille du rail* de René Clément est le premier film français récompensé.

D'une année l'autre, les éléments et la foule se déchaînent. En 1947, une tempête emporte le toit du palais. Des langoustes arrosées de champagne s'empilent sur les buffets champêtres offerts aux représentants de la presse. Jean-Paul Sartre prend des bains de soleil en transat sur la plage et signe ses livres à ses fans transis. Mitterrand y va d'un autre discours, assurant que « pareil festival ne saurait avoir lieu tous les ans ». Le parlement sabre les quinze millions de subventions demandés. Du coup, faute de crédits, il n'y a pas d'édition 1948. En 1949, à la veille de l'inauguration, les échafaudages enserrent encore l'édifice qui empeste la peinture, Des fourmis argentines géantes envahissent les salles de bains hôtelières. Les paparazzis se déplacent à Monaco pour le mariage de Martine Carol. Pas de Festival en 1950, faute de crédits, mais l'édition 1951 réunit trente oriflammes différentes, deux incidents diplomatiques, une apparition de Marilyn (qui ne viendra jamais) dans *All about Eve* et des cohues hystériques. Toute la folie de Cannes est déjà là.

Les foules, en effet, ont tout compris très rapidement. Massées dès l'aurore derrière les barrières placées aux abords du palais, elles ne veulent rien manquer du spectacle, applaudissent, crient, sifflent et hurlent. Vague frénétique qui porte Delon, écharpe blanche autour du cou, jusqu'au pied des marches, en 1990. Mer humaine qui noie la Croisette autour de Stallone débarquant par bateau en smoking, en 1993. Fans fébriles qui courent à travers les rues aux trousses de Michael Jackson sprintant, foulard noué autour des joues, en 1997. Les photographes, dûment accrédités, disposent d'une place attitrée autour du tapis rouge, ce qui fait exploser et déferler sur la ville des éclairs de néons et de nuées blanchâtres jusqu'au bout de la nuit. Émeutes, scandales, fulgurances, pressions, poudre aux yeux, imbroglios et frénésies sont dans la place et ne vont pas cesser d'y faire boule de neige.

1966 Cannes, terre de contrastes. Tandis que *Suzanne Simonin, la religieuse de Diderot,* de Jacques Rivette, après avoir été censuré par le régime gaulliste, est finalement autorisé à représenter la France en chasuble et en compétition, la *dream team* dégarnie, cravatée et géniale de *La Grande Vadrouille* vient assurer la promotion du film de Gérard Oury, plus gros succès commercial de toute l'histoire du cinéma français, qui n'est nullement sélectionné. **Bourvil** remonte la Croisette jusque devant le Carlton, pilotant une jeep militaire à bord de laquelle ont embarqué **Louis de Funès** et **Terry-Thomas.** C'est, moment historique, le seul et unique séjour que les trois poids lourds, non seulement ensemble mais encore séparément, effectuent à Cannes.

DOUBLE PAGE SUIVANTE

1957 **Brigitte Bardot** est devenue star depuis la sortie, fin 1956, de *Et Dieu… créa la femme*. En ce mois de mai, elle ne peut pas, elle ne veut pas revenir au Festival de Cannes où elle a posé les pieds pour la première fois en 1953. Elle tourne à Nice, aux studios de la Victorine, *Une Parisienne*, sous la direction de Michel Boisrond et, en plein travail, elle ne tient pas à effectuer le déplacement sur la Croisette où elle est invitée et attendue. Qu'à cela ne tienne, son producteur Francis Cosne affrète un autocar et conduit les journalistes de Cannes à Nice. Brigitte les reçoit sur le plateau, entre deux tournages de scènes, après être sortie, sous leurs yeux ébahis, au beau milieu de la cafétéria, d'un gros carton de bouteilles de jus de fruits. Les entraînant dans l'herbe, sur une pelouse proche, elle répond à leurs questions et prouve que, ce jour-là, Cannes n'est plus dans Cannes.

CARLTON
ADROUILLE

Seules dans la ville

1969 Six ans après *Les Oiseaux* présenté lors de la soirée d'inauguration, **Tippi Hedren** revient en solitaire, sans son mentor, à Cannes. Hitchcock, qui l'avait découverte et lancée en 1961, en avait fait sa chose, allant jusqu'à lui apprendre à se tenir à table et à contenir ses émotions au point d'en paraître somptueusement glacée, à l'image de son modèle la très princière Grace Kelly. Le réalisateur met même en scène ses apparitions en public. Après *Pas de printemps pour Marnie,* les relations du duo se dégradent, et l'actrice, que son réalisateur poursuit de ses assiduités pressantes, cesse de lui parler. Celle qui est déjà la maman de la petite Melanie Griffith vient à Cannes dans l'espoir de poursuivre sa carrière loin du bonhomme Alfred. Traînant aux terrasses, elle décroche un rôle dans *La Comtesse de Hong Kong*, de Charlie Chaplin.

1977 Nimbée d'une célébrité naissante qui suscite des vagues d'intérêt autour d'elle lorsqu'elle arpente, pour la dernière fois encore en paix, la Croisette, **Isabelle Huppert** accompagne *La Dentellière.* Elle joue la shampouineuse Pomme dans le film de Claude Goretta qui va faire d'elle une vedette internationale. Membre du jury en 1984, elle est l'actrice la plus sélectionnée à Cannes. Dix-sept de ses films y ont été présentés et elle a été deux fois couronnée (*Violette Nozière*, 1978, et *La Pianiste*, 2001).

1962 **Romy Schneider** est, avec Sophia Loren et Anita Ekberg, l'une des vedettes du film à sketches italien *Boccace 70*. Carlo Ponti, qui l'a produit, pense que les quatre histoires filmées par Visconti, Fellini, de Sica et Monicelli seront interdites par la censure et que son œuvre, qui fustige une société italienne corsetée dans son cléricalisme, ne verra le jour sur les écrans qu'en 1970. D'où le titre. Les organisateurs décident finalement d'amputer le très long-métrage du sketch de Monicelli. Du coup, l'apprenant à Rome, Antonioni, Rossellini et Mastroianni annulent leur séjour à Cannes. À table, pour le traditionnel déjeuner chez la Mère Terrat, à La Napoule, que ne manquaient pas d'embrasser à l'arrivée et au départ Kirk Douglas et Edward G. Robinson, entre son agent Georges Baume et son amant **Alain Delon**, Romy fait belle figure alors que la justice menace de saisir le film… Pendant que, derrière les claies ajourées, un bataillon serré de mamettes provençales en robes fleuries s'est installé aux premières loges pour ne rien perdre du spectacle.

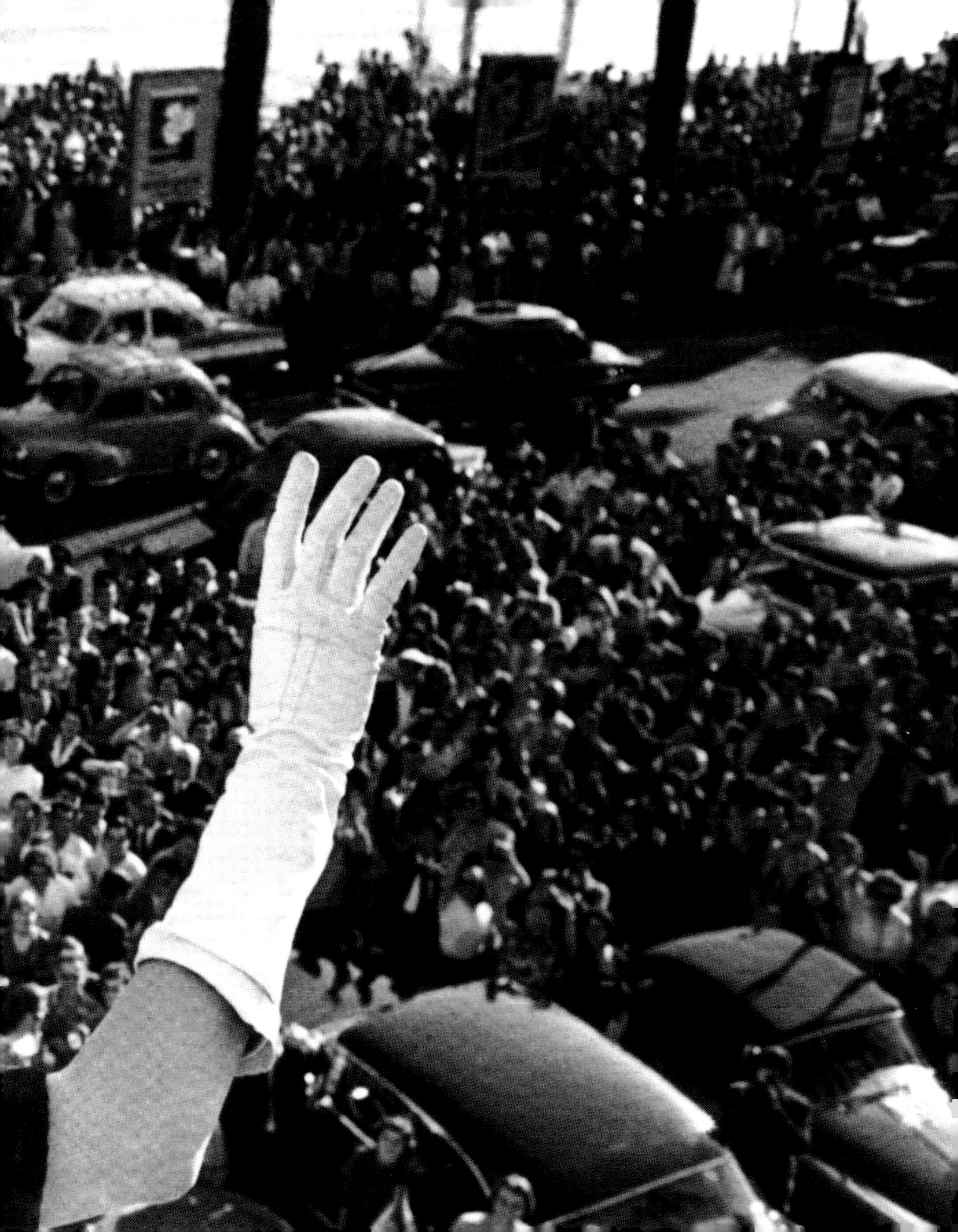

DOUBLE PAGE PRÉCÉDENTE

1958 Le Festival de Cannes sait être une maison de rendez-vous, un lieu de rencontres et d'échanges. **Yul Brynner**, Russe d'origine, Américain de passeport et Français de culture, l'acteur le plus aisément identifiable de la planète, est le héros des *Frères Karamazov*. Jean Cocteau, président du jury, engage la star hollywoodienne pour un petit rôle dans son *Testament d'Orphée* après l'avoir vue à l'écran. **Michèle Morgan**, de passage à son côté, en profite pour saluer royalement la foule. Et le Festival reçoit la visite, quelques heures durant, d'une actrice qui n'y reposera plus jamais ses jolis escarpins. Danielle Darrieux remet à l'actrice soviétique Tatiana Samoïlova le prix d'interprétation féminine pour son rôle dans *Quand passent les cigognes*, puis repart. Invitée à revenir en 2006, elle décline la proposition.

Tous en scène !

1960 C'est l'année de tous les exploits. André Malraux, ministre de la Culture, préside le gala d'ouverture du 4 mai lors duquel est projeté *Ben-Hur*, auréolé de quatorze oscars. Tout le monde se sent pousser des ailes. Plus d'un acteur, plus d'une actrice (Jeanne Moreau est la première à se lancer) grimpent sur la grande table dressée sous les cannisses de la Mère Terrat, à La Napoule. À la fin des déjeuners, l'un fait le beau, l'autre fait le fou. **Jean-Pierre Cassel**, lui, esquisse des pas de danse...

1959 Gene Kelly pousse la chansonnette. Au milieu d'une assemblée de journalistes, sous l'œil amusé de Benno Graziani (la main sur le menton), envoyé spécial de *Paris Match*, et de François Chalais (main également sur le menton, au fond), il entonne l'un de ses grands airs hollywoodiens. L'acteur a découvert le Festival en 1952 avec la projection d'*Un Américain à Paris*, de Vincente Minnelli.

1972 Gina Lollobrigida prend le frais avec son dalmatien. Elle vient d'assister, au Vieux Palais, à la cérémonie au cours de laquelle Groucho Marx, à la moustache neigeuse, a écrasé une larmichette en recevant la croix de commandeur des arts et des lettres. Dans son discours, en béret, lunettes d'écaille et chemise gardiane, l'un des plus célèbres frères du monde du cinéma a officiellement déclaré « léguer par testament sa décoration à sa secrétaire et compagne Erin Fleming ». Gina l'a embrassé avec émotion.

La belle et la bête

1963 Pour faire parler du *Guépard*, de **Luchino Visconti**, qui obtiendra d'ailleurs la palme d'or à l'unanimité, Pierre Kalfon, l'attaché de presse du film, fait venir un vrai félin tacheté sur la plage. Avec le réalisateur, **Burt Lancaster** et **Claudia Cardinale** qui le tient en laisse, ce sont quatre fauves qui arpentent le sable. La scène marque la réconciliation de Claudia avec les photographes. L'avant-veille au soir, l'actrice italienne, lors de son arrivée tardive à Cannes, n'avait pas voulu faire de photos devant le Carlton car elle n'était pas maquillée. Elle avait promis d'accepter de poser le lendemain mais, le moment venu, avait finalement refusé. Du coup, les photographes se sont mis en grève et n'ont pas immortalisé sa montée des marches avec Burt, pour la soirée officielle. Il n'y a donc pas un seul cliché de ce grand moment.

1957 **Elizabeth Taylor** accompagne son nouveau mari, **Michael Todd**, venu présenter à travers l'Europe sa production fastueuse du *Tour du monde en 80 jours* fraîchement couronnée par l'oscar du meilleur film, décerné le 27 mars précédent. La tournée publicitaire démarre sur la Croisette. Liz est la reine embijoutée de la soirée d'inauguration qui a lieu le 2 mai. Le lendemain, épaulé par Mike, elle caresse l'un des jeunes lionceaux qui, destiné à la promotion, lui est présenté. Dans le film réalisé par Michael Anderson, au milieu d'une distribution d'au moins trente stars internationales, Elizabeth ne figure pas.

Salut l'artiste

2003 Clint Eastwood présente le quatrième de ses films à se trouver en compétition officielle, *Mystic River*, après *Pale Rider, Le Cavalier solitaire* en 1985, *Bird* en 1988 et *Chasseur blanc, cœur noir* en 1990. En 1994, nommé président de la manifestation et flanqué de Catherine Deneuve en vice-présidente, Clint ne manque pas, dans chacune de ses déclarations, de se dire reconnaissant de l'enthousiasme que lui ont toujours manifesté les spectateurs et les critiques français.

2004 Benoît Poelvoorde, d'abord éberlué puis très à l'aise, se retrouve au jury présidé par Quentin Tarantino avec, entre autres, Kathleen Turner, Emmanuelle Béart et Jerry Schatzberg. Cette année-là, les bobines du film de Wong Kar-Wai, *2046*, arrivent tout juste deux heures avant la projection. Benoît est de retour à Cannes cinq ans après avoir présenté *Les Convoyeurs attendent*, petit film en noir et blanc de Benoît Mariage qui lui avait valu d'opérer une entrée en majesté dans la cour des grands.

2003 De toutes les actrices françaises, **Béatrice Dalle** est la plus assidue au Festival qu'elle fréquente chaque année ou presque, depuis qu'elle a, lors de son premier séjour en 1986, monté les marches au bras de Coluche déguisé en France Roche. Cette année-là, elle présente *Le Temps du loup*, de Michael Haneke. Donnant des entretiens dans une suite de l'hôtel Majestic, à quelques mètres de celle où Isabelle Huppert fait de même, elle ne peut aller rejoindre sa partenaire pour une photo tant la bousculade est importante dans les couloirs.

2006 **Monica Bellucci** est membre du jury de la 59ᵉ édition. Cette année-là, elle arrive au Festival avec sa petite fille Deva qu'elle promène en la portant dans ses bras sur la plage, devant l'hôtel Martinez, suivie d'un garde du corps. En 2002, Monica était venue présenter *Irréversible*, dont la projection avait suscité des vagues. Elle y était violentée et tabassée dans un tunnel. En 2003, maîtresse de cérémonie de la soirée d'ouverture, elle avait présenté *Matrix*, où elle effectue une apparition qui ne manque pas de relief. Les photographes cherchaient désespérément, à l'époque, à réunir sur une même photo Monica et Vincent Cassel, présent pour accompagner dix minutes de *Blueberry* en projection spéciale. Aucun n'y parvint.

aux marches du palais

Alfred Hitchcock, dépité par le mariage de son actrice fétiche Grace Kelly, pensa lui avoir trouvé une remplaçante en voyant une publicité à la télévision américaine le 1er octobre 1961. Dans l'émission « Today show », la dénommée **Nathalie Hedren** – Tippi était le surnom que lui donnait son père – vantait les bienfaits d'une boisson de régime. Hitch la fit rechercher et convoquer chez Universal où elle passa des essais dès le 13 octobre. Elle plut. Alfred la prit en main et lui expliqua le métier de a à z. Il lui donna le rôle qu'il envisageait de proposer à Grace, et Tippi devint donc à l'écran, en **1963**, Marion, cette blonde glacée sur laquelle s'acharnent des volatiles de tous poils. L'actrice et le réalisateur arrivèrent ensemble à l'aéroport de Nice et, le soir de la projection des *Oiseaux*, tous deux ouvrirent des cages d'osier et lâchèrent des douzaines d'oiseaux de bord de mer du haut des marches de l'ancien palais.

À l'heure crépusculaire où l'horizon, face à la Croisette, s'embrase d'une bande de ciel orange, par-delà la ligne verte des palmiers, elle flamboie. Elle irradie. Elle rayonne. Exemplaire, elle donne à chacune et à chacun le désir de ne pas ménager sa peine afin de réussir une aussi fabuleuse entrée. Elle resplendit, toute de rouge vêtue. Elle est, de toute éternité, la star de référence. La star la plus célèbre de la planète. Elle n'a pas mis le temps qu'il fallait pour arriver. Elle a mis bien plus que cela. Jamais personne, dans toute l'histoire du Festival de Cannes, n'a jusqu'alors osé effectuer pareille apparition, aussi fracassante, avec autant de retard. Déjà, les invités, toutes couleurs de cartes confondues, sont installés dans la salle, où la projection officielle a débuté. Les gardes républicains rendent les honneurs en présentant les sabres au clair et quittent leur poste sur les marches, le public qui assiste à l'arrivée des célébrités s'apprête à repartir. Soudain, sur l'esplanade, au pied de l'escalier, aux marches du palais, se présente Sa Grâce Elizabeth Taylor, impériale et pharaonique.

Encadrée par sa suite, elle se décide enfin à arriver quand on ne l'attend plus. Personne, en cette année 1987, ne pensait la revoir à Cannes, avant cette soirée du quarantième anniversaire. Elle paraissait perdue pour le cinéma et rayée des cadres. Elle avait quitté le métier, épousé le politicien John Warner, pris du poids, bu de l'alcool et avalé des cachets. La légendaire Cléopâtre était devenue une dame sans apprêts et sans attraits. Son dernier séjour à Cannes remonte à 1957, tout juste trente ans auparavant. À l'époque, mariée à Michael Todd, son troisième époux, elle avait effectué une apparition de madone amoureuse, rayonnante des feux de l'amour et du succès. Elle était même repartie vers l'aéroport dans la 4-Chevaux de Jacques Médecin, futur maire de Nice, alors fringant journaliste. Sa voiture n'arrivant pas, elle avait fini par monter dans celle du reporter avec lequel elle avait sympathisé. Le spectacle avait interloqué les foules. Et soudain, trois décennies plus tard, Liz revient, splendide et scintillante comme un ostensoir.

Amincie, bronzée, coiffée en artichaut éclaté par Alexandre de Paris, elle figure à elle seule la quintessence absolue du glamour hollywoodien. Escortée de George Hamilton, son chevalier servant, protégée par un escadron de gardes du corps, elle arrive à pied du Carlton.

Lorsqu'ils la voient monter les marches en cette soirée où est projeté *Le Cinéma dans les yeux,* le documentaire historique de Gilles et Laurent Jacob, les organisateurs rallument le hall et descendent à sa rencontre. Dans la rue, les fans hurlent leur frénésie admirative. Liz salue, ne s'excuse de rien et grimpe allègrement les vingt-quatre marches du nouveau palais, que d'aucuns continuent à appeler « le bunker » depuis son inauguration en 1983. Le tapis rouge est changé deux fois par jour afin qu'il reste impeccable. Liz, parure de bijoux assortie à son regard bleuté, pénètre dans la vaste salle de spectacle aux fauteuils violine. En se glissant vers sa place dans l'obscurité, pendant que se déroule la projection, elle écrase le pied d'une spectatrice chaussée de souliers en peau de serpent fragile et délicate. La dame pousse un cri. Liz n'en a cure, continue son chemin et s'assied. Elle est, le film terminé, transportée telle une châsse papale jusqu'au Palm Beach pour le dîner de gala. Une photo prise de haut montre tous les regards converger vers elle, de Marisa Berenson à Catherine Deneuve, alors que, assise au coude à coude avec François Léotard, ministre de la Culture, elle sourit aux anges.

Le lendemain, avant de partir pour une croisière au large sur le yacht de son ami Khashoggi, Liz apprend que la dame à la chaussure piétinée porte plainte contre elle et lui réclame sept mille cinq cents francs en guise de dédommagement. Elle s'en moque. La montée a valu son pesant de pierres précieuses. Elle a réussi son coup. Comme elle en réussira un autre. En 1993, arrivée par l'ascenseur de l'issue arrière, elle prend place, vêtue d'une robe immaculée, parée de boucles d'oreilles comme des calissons, sur le palier intermédiaire pour accueillir Stallone. Elle vient assister à une projection payante de *Cliffhanger*, au profit de l'association de lutte contre le sida qu'il préside. Liz, qui a du mal à marcher, s'offre le luxe de ne pas monter les marches, activité pour laquelle n'importe quelle actrice se damnerait. Sylvester, lui, les grimpe quatre à quatre. Ils s'embrassent et se sauvent par la même sortie arrière en direction d'un dîner au Moulin de Mougins.

Avant et après elle, d'autres montées de marches, sous des millions de paires d'yeux puisque retransmises en direct, ont valu leur poids de simagrées et d'émotions, de prétentions et de drôleries, au milieu d'éclats de néons, de hurlements de photographes et de bousculades effrénées. Sharon Stone multiplie les révérences aux photographes et fait le show chaque soir de l'édition où elle est jurée, en 2002. Michèle Mercier, en redescendant les marches à l'issue d'une projection, suscite un tel tapage que les techniciens rallument le dais pour que ses compatriotes cannois puissent l'ovationner, en 1999. Francis Ford Coppola grimpe avec sa fille Sofia sur les épaules, en 1979, pour la projection d'*Apocalypse now*, et Volker Schlöndorff porte le petit David Bennent, héros du *Tambour*, la même année où tous deux se partagent la palme d'or. Jayne Mansfield, mèches platine répandues sur l'épaule de son culturiste de mari qui la porte en montant des marches noires de monde, en 1958, réédite le même show en 1964. Marie-José Nat redescend les degrés, couronnée par un prix d'interprétation, entre son mari Michel Drach, qui l'a dirigée dans *Les Violons du bal*, et son partenaire de 9 ans, son fils David, en 1974. Charles Chaplin titubant entre sa femme et ses filles ; Jacques Dutronc gardant, comme Akira Kurosawa, ses lunettes de soleil sur le nez jusqu'au fond de son fauteuil, en 1991.

Et l'on peut citer encore Robert Mitchum qui, rencontrant Gina Lollobrigida au pied des marches, la prend par la taille et la main pour les monter en la caressant un peu au passage, en 1991, comme au bon vieux temps de 1954. Johnny Weissmuller, Tarzan hollywoodien, entre Cyd Charisse, Cary Grant et Fred Astaire, roulant des épaules rembourrées dans une veste dorée, en 1976. Des milliers d'autres, là, sur les marches, n'ont pas fini de s'adonner à la volupté de paraître.

2003 **Aishwarya Raï** est la plus grande star de Bollywood pour des millions d'Indiens mais, à Cannes, personne ne sait d'où elle sort exactement, sinon qu'elle descend de la plus haute marche du podium de l'élection de Miss Monde, titre qui lui fut décerné en 1994. À part *Devdas*, projeté lors de son premier séjour sur la Croisette en 2002, ses films sont invisibles en Europe. Elle fait tant d'effets soyeux qu'elle attire l'œil de la direction du Festival qui lui propose de faire partie du jury, lors de l'édition suivante. Première vedette du cinéma indien à siéger parmi ses membres, elle attire plus encore les regards, cette seconde année, en apparaissant au moins deux fois par jour sur les marches. À chaque séance elle porte un nouveau sari, toujours assorti à ses yeux verts.

Défilé de stars

1987 À l'occasion de la journée du cinéma anglais, LLAARR le prince et **la princesse de Galles** viennent passer vingt-quatre heures à Cannes. Après s'être baladés sur la Croisette, reposés sur un yacht au large, montrés au balcon de l'hôtel de ville avec le maire Anne-Marie Dupuy, ils assistent à la projection du soir. Lillian Gish, 91 ans, est la vedette des *Baleines du mois d'août*, de Lindsay Anderson. Accueillie au pied des marches par François Léotard, alors ministre de la Culture, **Lady Di**, en mousseline bleu pâle, flanquée de Charles, grimpe les marches du nouveau palais sous une ovation délirante. À l'issue de la projection, la princesse et son mari s'en vont présider le dîner de gala offert en l'honneur de Sir Alec Guinness. Ils effectuent leur entrée au son du *Pont de la rivière Kwaï*. Deux goûteurs sont venus spécialement de Buckingham Palace pour détecter d'éventuels empoisonnements.

2006 **Andie Mac Dowell** est de retour aux marches du palais. Sa première apparition date de 1989. Cette année-là, l'arrivée en compétition de films indépendants, de toutes nationalités, plaît au jury. Wim Wenders, qui en est le président, distingue d'une palme d'or *Sexe, mensonges et vidéo*, de Steven Soderbergh. Cette description magistrale des frustrations et des névroses de la classe moyenne américaine souffle l'assistance et établit Andie Mac Dowell, dont c'est le premier rôle, comme révélation du moment.

1987 Elizabeth Taylor est alors la plus grande star du monde. On la sait en piteux état. Enfermée pour un traitement médical dans la clinique Betty Ford de Rancho Mirage, Nevada, elle s'est soustraite aux regards depuis de longs mois. Au début du Festival, la rumeur court qu'une mystérieuse vedette très célèbre sera là, parmi des dizaines d'autres, pour la soirée du quarantième anniversaire. Les noms les plus fous et les plus improbables circulent. Le jour J, tout le monde sur les marches attend. Personne ne vient, sinon du beau monde, mais du beau monde vu et revu à Cannes. Et soudain paraît, en retard, éblouissante, Elizabeth, légende vivante. Par un hasard qui stupéfie l'assistance tétanisée, elle est vêtue de rouge comme le sont, sans s'être donné le mot ni avoir obéi à aucun *dress code*, toutes les autres comédiennes présentes : Marisa Berenson, Catherine Deneuve, Sophie Marceau, Claudine Auger, Fanny Ardant, Carole Amiel…

Tapis rouge

2006 Bon an mal an, Sophie Marceau revient presque chaque mois de mai sur le tapis rouge. Jamais elle n'a été autant photographiée que l'année où les joailliers commencèrent à agrémenter de façon très tapageuse la quasi-totalité des comédiennes présentes. Toutes les vedettes qui arrivent au pied des marches arborent alors des colliers, des bagues et des bracelets dont le prix doit assurément avoisiner le budget militaire d'une république bananière. L'ensemble tintinnabule comme un matin de Pâques aux oreilles des spectateurs, éblouis par ces visions qui transforment le parvis du palais en vitrine de la place Vendôme. Lors de cette première année où s'envole la folie d'accrocher diamants, rubis et émeraudes, Sophie ne veut strictement rien porter. Elle est donc l'unique créature à se présenter avec pour seule parure sa peau naturellement bronzée. Les objectifs des appareils n'en ont que pour elle.

Reines d'un jour

1979 Francis Ford Coppola monte les marches avec ses enfants pour la projection d'*Apocalypse now*. **Sofia**, affublée comme son père d'un nœud papillon, est juchée sur ses épaules, et son frère **Thomas**, cravaté, suit le mouvement.

1956 Le Festival est inauguré le 23 avril par François Mitterrand, qui revient de Monaco où il a représenté le gouvernement français au mariage de Grace Kelly et du prince Rainier. Il pose au côté de sa femme Danielle, le regard fixé sur les fesses de Brigitte Bardot, avec Edwige Feuillère et Ludmilla Tcherina. **Michèle Morgan**, dans une robe qui ne déparerait pas à Versailles, est la vedette du film d'ouverture *Marie-Antoinette* de Jean Delannoy, son réalisateur fétiche. Le film historique n'a pas la politesse des rois. Il démarre avec plus d'une heure de retard en raison d'incidents techniques. La délégation allemande proteste contre la sélection et la programmation de *Nuit et brouillard* d'Alain Resnais, qui est finalement présenté hors compétition.

1952 Dans le hall du Carlton, le grand **Yves Montand** vient de récupérer les chaussures noires qu'il avait oubliées à La Colombe d'or, à Saint-Paul-de-Vence. Il s'installe immédiatement sur les marches pour changer de souliers. Depuis, le petit garçon qui le regarde, médusé, en a vu d'autres. Le Festival ne compte plus, en effet, les actrices qui, de la tête aux pieds, se changent derrière des paravents ou dans les toilettes.

Des coulisses au devant de la scène

1967 **Brigitte Bardot**, qui arrive de la Madrague, refuse de dormir dans un hôtel de Cannes. Elle vient simplement pour soutenir le film documentaire sur les fauves africains produit par son mari, Gunther Sachs. BB n'a pas posé les pieds sur le tapis rouge depuis onze ans. Son apparition suscite une hystérie hallucinante. Elle monte sur scène et embrasse Michel Simon, flanqué du petit Alain Cohen, son jeune partenaire du *Vieil Homme et l'enfant*. Simon adore Bardot qui le lui rend bien. Ils rient, ravis. Dans la bousculade qui s'ensuit, amorcée dès l'entrée de Brigitte mais plus encore à sa sortie, les portes de verre du palais volent en éclats et le photographe de *Paris Match*, Jean-Claude Sauer, est blessé. Brigitte, affolée et choquée par les scènes d'émeute auxquelles elle se trouve confrontée, repart le soir même pour Saint-Tropez et décide de ne plus jamais revenir à Cannes, « foire, selon elle, du fric et des faux-semblants ». Plus tard, elle arrête le cinéma. Sans regrets. Elle lève les yeux au ciel, aujourd'hui, lorsqu'on lui parle du Festival.

2000 *Dancer in the dark* est un film franco-dano-suédo-fino-germano-islandais pour lequel Lars von Trier, son réalisateur, avait demandé à la chanteuse islandaise **Björk Gudmundsdottir** de composer des chansons. Celle-ci finit par accepter de jouer le rôle de l'ouvrière qui se sent peu à peu devenir aveugle. Et **Catherine Deneuve**, qui fait plus qu'une apparition dans le film où son personnage noue des rapports protecteurs avec l'héroïne, s'est engagée personnellement dans cette aventure. Lors de la conférence de presse, la comédienne française parle avec chaleur de Björk qui n'y assiste pas. « Elle ne joue pas, elle est », ajoute-t-elle, en expliquant l'absence de cette dernière par sa peur panique de la foule. Au palmarès, *Dancer in the dark* remporte la palme d'or et Björk le prix d'interprétation féminine. Les deux actrices, complices dans le film comme dans la vie, exultent de joie.

1991 À la tête d'une suite de dix-neuf personnes entassées dans dix voitures, **Madonna** débarque de l'aéroport, teinte en brune parce que, dit-elle, comme cela, « je parais plus coquine ». Barricadée dans la suite royale n° 644 de l'hôtel du Cap, elle pose ses peluches sur une table de nuit et une photo de sa mère encadrée sur l'autre. La terrasse est encombrée par les appareils de gymnastique dont elle a commandé l'installation, à demi cachés derrière des paravents de bois vert. Son vélo d'appartement vient directement des États-Unis. Suivant un régime et un entraînement de sportif de haut niveau, Miss Ciccone ne sort – dissimulée sous une couverture à l'arrière d'une R5 blanche – que pour aller faire son footing sur les petits chemins des environs, entourée de ses gardes du corps. Elle ne mange que des légumes, ne boit que de l'eau, refuse le café et se couche de bonne heure deux soirs de suite (dans le lit de 2,20 mètres de large, elle dort seule) pour se préparer à la projection de son film *In bed with Madonna*. Le soir tant attendu, déshabillée par Jean-Paul Gaultier avec un soutien-gorge en forme d'obus lance-torpilles, entre son producteur **Dino de Laurentis** et son réalisateur **Alex Keshishian**, elle joue les brunes brûlantes.

Les feux de la rampe

1971 Dix-sept ans après une semi-sieste sur la plage, sa fille Géraldine dans les bras, **Charlie Chaplin** revient à Cannes. Le gouvernement français lui fait part de son intention de lui décerner la distinction de commandeur dans l'ordre de la Légion d'honneur. Sur la scène, pleurant à chaudes larmes lorsque le ministre des Affaires culturelles lui noue le cordon rayé et l'embrasse, Charlot esquisse un geste nullement prémédité. L'excellence ministérielle Jacques Duhamel marche alors avec une canne légère. Chaplin s'en empare et se met, sur les planches de bois du palais, à reprendre sa démarche saccadée, mondialement célèbre, de héros de cinéma. À 82 ans bien sonnés, il joue le jeune homme et marche de long en large, les pieds en canard, comme au bon vieux temps de ses films muets. Subjuguée, la salle entière se lève comme un seul gamin et lui adresse une ovation mémorable. Chaplin continue à se dandiner, le regard brillant. La salle vibre d'émotion, le cœur comprimé comme un vieux papier de soie qu'on froisse. « Après le mal que je me suis donné pour trouver, ce soir, un nœud papillon noir, voilà que vous m'en offrez un rouge ! »

2000 Les soirées de remises de prix, comme celle de *Dancer in the dark*, sont toujours pleines de surprises. La première agitation consiste à trouver les remettants et, par tradition, c'est la vedette du film de clôture qui remet la palme d'or. À peine les délibérations du jury terminées, les téléphones crépitent et les attachés de presse battent le rappel de leurs petits protégés primés. Dans les coulisses règne un beau remue-ménage. C'est une pagaille magistrale, baignée de tout le stress accumulé pendant douze jours et soudain évacué.

DOUBLE PAGE SUIVANTE

1995 Le Festival, cette année-là, préfère les blondes. Elles se sont vues, se sont connues, se sont reconnues. Voix acidulée, **Vanessa Paradis** sort des coulisses en chantonnant. Emportée par le tourbillon de la vie, elle interprète la chanson-hymne du film de François Truffaut *Jules et Jim*. Dans la salle trône Mademoiselle **Jeanne Moreau**, présidente du jury, qui en fut l'héroïne trente-quatre années plus tôt. Elle voit venir à elle l'hommage. Elle s'approche donc du rebord de la scène où se jette à genoux la jeune chanteuse de 23 ans. Et l'hymne finit par bercer toute la salle, tandis que les deux demoiselles se tiennent par la main. Tout doucement.

PHOTOCALL

Nous irons tous au paradis

Les cérémonies de clôture se suivent et se ressemblent, souvent ennuyeuses comme la pluie. Dans le lot, surnagent quelques moments forts. Comme celui où, en 1987, copieusement insulté par une partie des spectateurs qui, au balcon, ont détesté *Sous le soleil de Satan*, Maurice Pialat lève le poing en leur direction et crie : « Vous ne m'aimez pas, moi non plus, je ne vous aime pas. » Comme celui où, en 1995, le cinéaste grec Théo Angelopoulos fait une gueule d'enfer, furieux de ne pas se voir décerner le prix qu'il souhaitait pour *Le Regard d'Ulysse*. Comme celui où **Roberto Benigni**, couronné par la palme d'or en **1997** pour *La vie est belle*, se livre à un numéro de cirque sur scène, grimpant sur les fauteuils, se couchant par terre et embrassant à bouche que veux-tu le président du jury, **Martin Scorsese**. Comme celui où **Pedro Almodovar**, recevant en **1999** le prix du meilleur réalisateur pour *Tout sur ma mère*, tombe à genoux et remercie le ciel devant le jury présidé par David Cronenberg.

DOUBLE PAGE SUIVANTE

2006 Le Festival prend et donne une formidable leçon d'histoire de France grâce à la projection d'*Indigènes* qui vient rappeler avec fracas et émotion la dette des différents gouvernements envers les anciens soldats des colonies et la détresse de ces combattants paumés traités, avant, pendant et après la Seconde Guerre mondiale, comme des moins que rien en métropole. Très applaudis lors de la montée des marches, les membres de l'équipe du film franco-algérien s'arrêtent sur le palier principal, saluent la foule, prennent leur temps et vivent leur grand moment. L'ovation dure. Les gaillards s'installent dans un triomphe que va saluer, un peu plus tard, le prix d'interprétation masculine partagé par les cinq comédiens principaux. S'asseyent alors sur la plus haute des marches, à même le tapis rouge, **Bernard Blancan**, le réalisateur **Rachid Bouchareb**, **Sami Bouajila**, **Jamel Debbouze** et le producteur **Jean Bréhat**.

ALCON

59e FES

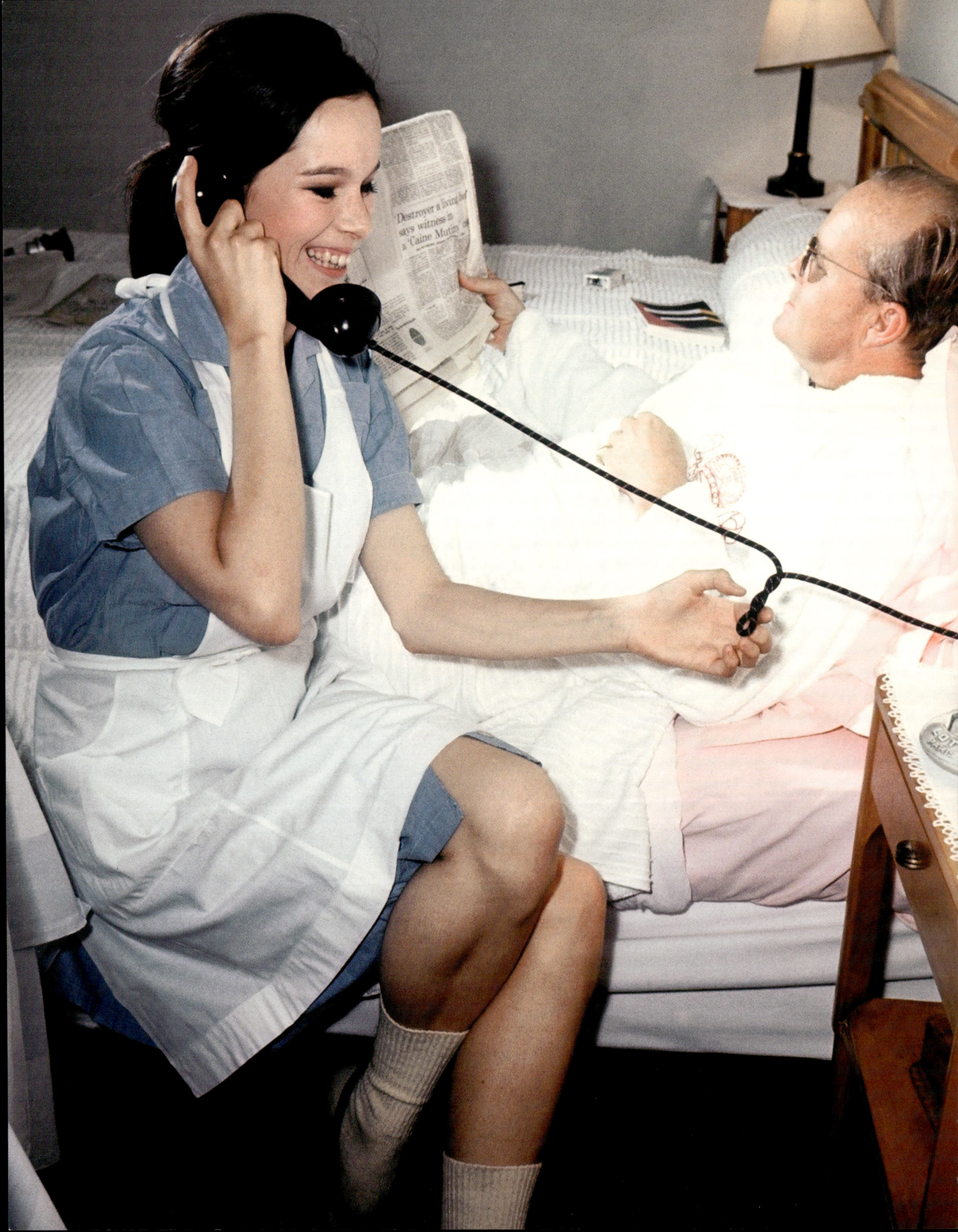
Destroyer a
says witness in
a 'Caine

La petite **Géraldine Chaplin**, fille aînée de son père, met les pieds pour la première fois dans le sable de Cannes en 1954. Elle y trône sur les genoux de papa Charlie, sans moustache. Plus tard, elle revient avec *Le Docteur Jivago*, de David Lean, présenté en compétition officielle en 1966. Elle y accompagne l'année suivante *J'ai tué Raspoutine*, de Robert Hossein, hors compétition, puis, en **1968**, *Peppermint frappé*, de son compagnon le cinéaste espagnol Carlos Saura. Cette année-là, le romancier américain **Truman Capote** est présent pour le film *Trilogy*, de Frank Perry, dont il a écrit scénario et dialogues. Sur fond de révolution de mai, tous deux se rencontrent dans le tumulte et se plaisent dans les assemblées générales, amicalement. Pour s'amuser et aussi pour poser, désœuvrée puisque le Festival s'est arrêté, Géraldine joue les filles d'étage et apporte son petit déjeuner à l'écrivain qui paresse au lit.

des chambres en ville

Entre les meubles Louis XV poussés hors de la chambre et un camion de camping trônant sur le parking au milieu des Rolls, ce jour-là de 1991, les clients du très chic hôtel du Cap, pourtant habitués à toutes sortes d'extravagances, n'en croient pas leurs yeux. Les caprices, encore et toujours, font partout rage à Cannes, à un point tel que, comme d'habitude, ce qui paraît le plus réel dorénavant se trouve sur les écrans et non pas dans la vie quotidienne.

C'était hier et ce pourrait être aujourd'hui. La chanteuse américaine Madonna avait exigé l'installation dans sa suite de l'Éden Roc – la dépendance de luxe de l'hôtel du Cap, à même les rochers –, de volumineux appareils de gymnastique, vélo et haltères qui, livrés de Marseille, s'étaient révélés plus encombrants que prévu. Ce qui avait obligé ses gorilles à sortir le mobilier de la chambre. De son côté, le metteur en scène danois Lars von Trier, qui ne prend jamais l'avion, avait garé à ciel ouvert son camping-car, dans lequel il avait fait la route depuis Copenhague et où il aimait pique-niquer à l'ombre des pins du palace. Du coup, l'établissement du Cap d'Antibes, haut lieu d'habitation des stars mondiales, a pris des allures de camp bohémien. Ce qui ne manque pas de charme mais fait un peu désordre dans l'architecture ambiante.

Habitués à la douceur de vivre, au milieu des parfums de citronniers et d'orangers, dans une atmosphère de luxe, d'élégance et de volupté, d'une année l'autre les palaces de Cannes et des environs accueillent, le temps du Festival, des stars de cinéma à foison et, surtout, leurs caprices à la pelle. Ces exploits insensés ont pour théâtre les chambres des palaces, celles du Grand-Hôtel du Cap-Ferrat ou de l'Éden Roc et aussi, bien sûr, des hôtels plantés sur la Croisette – le Majestic, le Gray d'Albion, le Carlton, le Noga Hilton et le Martinez. Là, de mémoire de concierges, la liste des exigences de stars, jamais close, demeure impressionnante. En dresser l'inventaire équivaut à réunir un étonnant bric-à-brac de situations rocambolesques. Les vingt-quatre bouteilles d'eau minérale qu'utilise quotidiennement Kim Basinger pour son shampooing. La limousine commandée pour Elizabeth Taylor, au lieu de la Renault 25 officielle considérée comme pas assez imposante pour Sa Grâce. Un dentiste à trois heures du matin pour Michael Jackson. Le jet privé de John Travolta pour traverser l'Atlantique avec sa famille et son médecin personnel, frais de voyage remboursés par la production. Les kilomètres de papier kraft que Cher, désireuse de dissimuler la tapisserie qui lui déplaisait, a punaisés dans sa chambre. Le vison blanc qu'a réclamé Kim Novak pour monter les marches un soir de mai. Luis Buñuel qui dormait par terre car il n'aimait pas son matelas, trop mou. Le mixer qu'a réclamé Danny DeVito pour confectionner purées de légumes et cocktails de fruits. Le refus de Michael Douglas et de Sharon Stone de loger au même étage du même hôtel. Les cinq cents kilos de bagages de Jerry Lewis, venu sans sa famille. Le petit jeu de Sophia Loren et de Gina Lollobrigida, l'une arrivant systématiquement lorsque l'autre partait, et chacune cherchant à occuper plus de placards que sa rivale. La bouteille de vin blanc – cabernet-sauvignon cuvée Farniente – demandée pour Brad Pitt et pour lui seul avant la projection de *Troie*. L'ouverture en nocturne du musée Picasso d'Antibes qu'a réclamée Jennifer Aniston, folle de peinture moderne, en route vers l'aéroport et désireuse de le visiter avant son départ. Les piles de linge neuf, draps de lit et serviettes de bain encore sous cellophane, exigées par Eddie Murphy. La lunette des toilettes en forme de cœur apportée de Beverly Hills par Jayne Mansfield pour remplacer celle de sa salle de bains cannoise. La clé offerte à Don Juan de Bourbon, père du roi d'Espagne, afin de lui permettre d'entrer incognito dans l'ancien palais des festivals par une porte dérobée. La villa louée pour Clint Eastwood à proximité d'un terrain de golf afin qu'il pût s'y aérer. L'avion privé affrété par le bijoutier Chopard pour transporter au-dessus de l'Atlantique la tribu, agrémentée des deux professeurs privés des enfants, de Woody Allen qui craint la foule comme la peste. La table de douze couverts dressée à la hâte pour SAR le prince héritier d'Arabie Saoudite, fils aîné du roi Fahd, qui débarque sans réservation un soir de gala d'ouverture dans la salle à manger d'un palace avec onze conseillers et ne comprend rien à ce tapage. Des roses oméga, uniquement, accompagnées de pivoines à vaporiser tous les jours, pour Catherine Deneuve. Des roses blanches et jaunes seulement pour Jeanne Moreau. La fuite de Timothy Dalton lorsqu'il découvre le papier peint jaune sur les murs de sa suite. Le lit supplémentaire à placer dans sa chambre, qu'a demandé Charlize Theron pour que sa mère puisse dormir avec elle alors qu'une autre chambre lui avait été réservée. Les trois petits lits accolés dans le sens de la longueur, pour Donald Sutherland qui, mesurant un mètre quatre-vingt-dix, a peur que ses pieds dépassent. La mise en place de la seule parabole de télévision capable de capter la chaîne américaine qui diffuse un match des New York Knicks, pour Spike Lee exigeant de suivre en direct de sa chambre le jeu de son équipe de basket favorite. Le piano transporté au prix de mille efforts dans la suite de Julia Migenes qui, finalement, lui préféra celui d'un restaurant proche où elle répéta les morceaux d'opéra de son gala, au milieu des convives. La poule au pot réclamée par Bruce Willis et Demi Moore à quatre heures du matin. Le hamburger aussi soudainement réclamé par Johnny Depp, à cinq heures du matin. La moto louée pour Mickey Rourke très allumé qui tente de regagner sa chambre en escaladant la cage d'escaliers de l'hôtel.

Pourquoi, depuis plus d'un demi-siècle, un tel festival de caprices ? À Cannes, d'un hôtel l'autre, acteurs et actrices affrontent de fortes émotions. Ils gèrent de grosses angoisses. Ils subissent la pression de devoir apparaître glamour de la tête aux pieds, devant des milliers de paires d'yeux scrutateurs, des équipes de télévision et des photographes qui figent leurs moindres gestes. Il y a le protocole à respecter, la compétition à assumer et les réceptions à répétition. Ce cirque nous amuse comme des fous et affole des stars qui, se croyant maîtresses d'un univers qui leur échappe, se laissent, en fait, perturber en nous ravissant.

1956 **Kim Novak** qui vient de tourner *Picnic* sous la direction de Joshua Logan arrive, quasi inconnue, avec sa garde-robe, croyant que le film a été sélectionné pour le Festival. Elle découvre sur place qu'il n'en est rien. Plutôt que de râler et de repartir, elle reste, tient une conférence de presse et séduit tout le monde. *Le Monde* parle même de « Kimmania ». Au côté de Brigitte Bardot, elle grimpe les marches. Affublées d'étoles de fourrure – ce qui leur fait dire à toutes deux : « À l'époque, nous étions idiotes car nous ne savions pas quelle torture cela pouvait représenter » –, les deux vedettes qui consacrent aujourd'hui leur vie à la cause animale sont mitraillées. Au moment où elles pénètrent dans la grande salle, la robe en lamé noir de Kim se dégrafe, craque et croule. Le corps du délit est dérobé à la vue du public grâce à la forte présence de braves gendarmes. Brigitte, qui en a vu d'autres, en rit encore. Kim aussi.

La fille à la valise

DOUBLE PAGE SUIVANTE

Actrice intelligente et muse de Michelangelo Antonioni, **Monica Vitti** pleure comme une madeleine lors de son premier Festival de Cannes, en 1960, quand le film de son compagnon, *L'Avventura* dans lequel elle joue le principal rôle féminin est sifflé et conspué. Le réalisateur parle d'incommunicabilité et personnifie l'absence dans un récit dilué. Pour ce film, il reçoit, en dépit de la tempête soulevée, le prix spécial du jury. Tout comme en est gratifié *L'Éclipse*, du même cinéaste, qui ramène Monica Vitti sur la Croisette en 1962. Ce film ne déchaîne pas les foules mais contribue à lui conférer un statut de femme de tête qu'elle prend plaisir à saccager, en **1966**, avec *Modesty Blaise*, de Joseph Losey. Dans une ambiance ultra-pop, elle y incarne une alerte espionne aux cheveux couleur citron. Pour en assurer la promotion, celle qui jusqu'alors choisissait des petites robes noires ajustées décide de changer de look. Et, dans sa chambre, sur son lit couvert de robes bigarrées, elle se montre conforme à son personnage frétillant de femme futile à l'écran. Deux années plus tard, lors de la petite révolution de mai 1968, Monica démissionnera du jury. Elle y reviendra en 1974, sous la présidence de René Clair, puis en brune, en 1990, avec le premier film qu'elle réalise, *Scandale secret*. Trente ans après, elle se dit encore et toujours très choquée par l'accueil hostile et violent qu'avaient réservé les spectateurs déchaînés à *L'Avventura*. Cette tempête-là, en effet, ne fut dépassée en intensité et en virulence que par celle que déclencha, en 1974, *La Grande Bouffe*, de Marco Ferreri.

C.P.C.
KIM NOVAK
CABIN 68
SS ILE DE FRANCE

vous
propose …

1965 Héroïne de fastueuses productions hollywoodiennes, **Carroll Baker**, ex-baby doll, débarque à Cannes auréolée de la gloire nacrée de ses deux derniers films, *Les Ambitieux* et *Harlow, la blonde platine*. En star américaine comme plus personne n'ose en rêver, elle fait sensation. Mèches crémeuses, vison immaculé, robe indiscrète, décolleté vertigineux, ongles démesurés, elle reste dans les annales comme celle qui, superbe imitation de Marilyn, fait souffler un vent de stupéfaction admirative sur le Festival. Lorsque, sortant des coulisses, elle arrive sur scène pour remettre un prix, la salle entière retient sa respiration devant son extraordinaire élégance. Cannes, cette année-là, n'est plus dans Cannes mais dans Hollywood.

Chambres avec vue

1953 Un autre frisson saisit Cannes lorsque paraît le cow-boy le plus célèbre de toute l'histoire du cinéma. **Gary Cooper** est un invité solitaire dans l'air de la Croisette. Il se promène partout sans dame de compagnie. Jusqu'au jour où, lors d'une soirée aux Ambassadeurs, l'orchestre entame « Si toi aussi tu m'abandonnes » de Dimitri Tiomkin, le grand air du *Train sifflera trois fois* qu'il vient de tourner. Le silence se fait. Gary, vedette du film en shérif fatigué, se lève et, sans hésiter, invite Gisèle Pascal, ex-fiancée de Rainier III de Monaco, à valser sur la piste. Il ne la quittait pas des yeux depuis des jours. Les invités qui applaudissent comprennent qu'une romance est en train de se nouer.

Une place au soleil

1966 Prix d'interprétation féminine six ans plus tôt pour *Moderato Cantabile*, **Jeanne Moreau** accompagne le *Falstaff* d'Orson Welles. Elle y joue Doll, ribaude qui se frotte au ventre du héros dans une scène culte. Le film obtient, d'un jury présidé par Sophia Loren entourée de quatre académiciens, un prix hors concours, dit « du XXe Festival en hommage à Orson Welles, pour sa contribution au cinéma mondial ». C'est la première récompense décernée, placée en tête du palmarès, avant le Grand Prix partagé entre *Un homme et une femme*, de Claude Lelouch, et *Ces messieurs dames*, de Pietro Germi. Welles avait découvert le Festival en 1952 en serrant dans ses bras à l'en étouffer la star française Martine Carol. Il a pourtant éprouvé, en dépit de la présence au générique de Jeanne et de Marina Vlady, le plus grand mal à réunir des fonds pour produire son douzième long-métrage qui, surprise, bat pavillon espagnol.

2002 **Leonardo DiCaprio** se prépare à quitter sa suite pour escorter sur le tapis rouge Martin Scorsese, son metteur en scène, qu'il prend à raison pour un monument historique. Ce dernier est à Cannes pour rendre hommage au maître qu'il vénère, le réalisateur Billy Wilder qui vient de décéder, en présentant un montage de son cru sur l'œuvre du génial cinéaste d'origine européenne. Et, dans la foulée, il en profite pour montrer, lors de la séance de l'après-midi, vingt minutes de son nouveau film à sortir l'année suivante, *Gangs of New York*. Cameron Diaz accompagne aussi le metteur en scène. L'excitation est intense et palpable. La séquence de film projetée ne ménage pas ses effets.

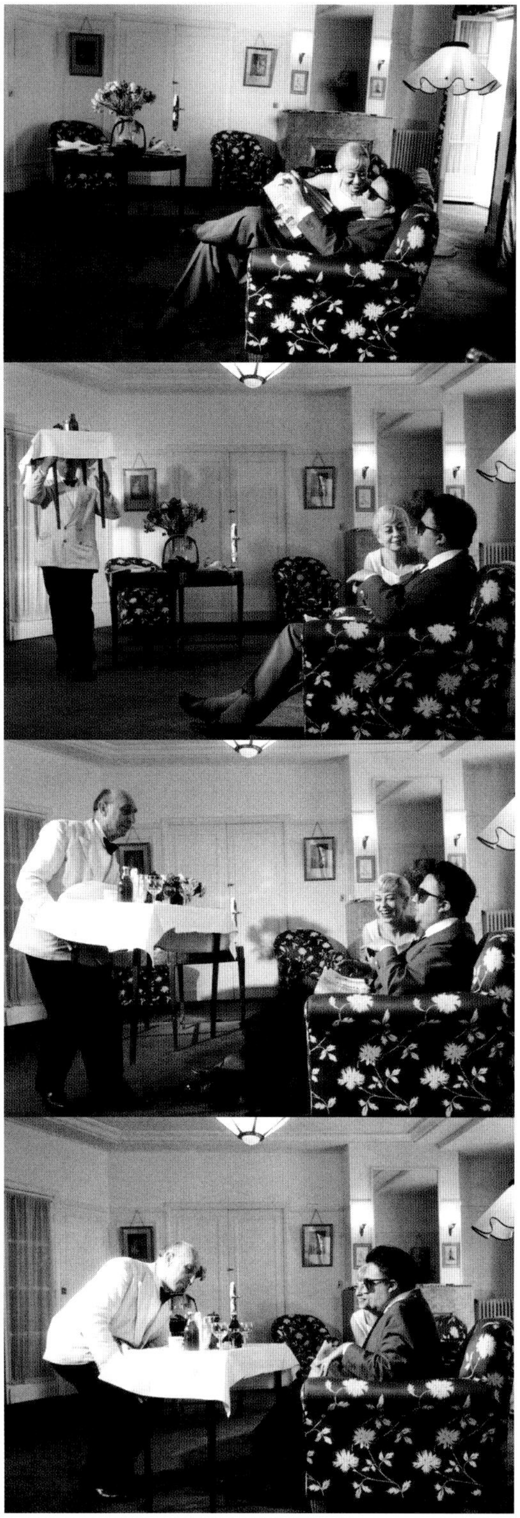

Madame est servie...

1957 L'entrée officielle du réalisateur italien **Federico Fellini** dans la compétition est saluée au palmarès par un hommage personnel à lui adressé et, surtout, par un prix d'interprétation décerné à son héroïne qui est aussi sa femme depuis 1943, **Giulietta Masina**. C'est leur premier séjour à Cannes. Jean Cocteau, président du jury pour la troisième fois, est ému aux larmes par la petite femme blonde à tête de poisson-lune qui interprète, sous la direction de son mari, une prostituée candide et volontaire. Le couple est heureux et joyeux. Dans la suite allouée aux époux amoureux, Federico évoque en pestant ses démêlés avec la censure du Vatican qui l'a obligé à retirer une scène du film. On y voyait s'attarder auprès de Cabiria un homme qui, prodiguant des soins à des nécessiteux, pouvait être perçu comme un membre de l'Église romaine. Le Saint-Siège n'a pas apprécié. Federico et Giulietta ne savent pas que la scène sera rétablie près d'un demi-siècle plus tard. En attendant, tous deux festoient et dorment déjà sur les palmes des lauriers qui, périodiquement, lors des éditions à venir, couronneront le cinéaste.

1965 Les retrouvailles ne font pas de vagues. Trois ans après *James Bond 007 contre Dr. No*, **Ursula Andress** qui chante, tout le monde s'en souvient, *Under The Mango Tree* en sortant de l'eau verte des Caraïbes coulée dans un tout petit maillot de bain blanc piqué à sa jeune sœur, retrouve sur la Croisette l'espion qu'elle aimait. Sean Connery présente *La Colline des hommes perdus*, de Sidney Lumet, où il joue un soldat britannique échoué dans un camp disciplinaire de Libye. Mais la production ne veut pas de l'image affriolante de James Bond pour cette dure et cruelle histoire tournée en noir et blanc. Ursula et Sean, qui s'adorent, se voient donc hors de la présence des photographes. Ainsi, le mythe reste intact.

1966 Une première dans l'histoire du Festival. Le film de David Lean, *Docteur Jivago*, qui ne sortira sur les écrans que le 1er octobre, est présenté en avant-première pour bénéficier d'un lancement planétaire. Les invités sont tellement nombreux à se presser à la séance d'ouverture que la direction prend la décision d'organiser une seconde soirée de gala, chose qui ne s'était jamais vue et qui ne se reverra jamais. David Lean et Omar Sharif effectuent donc deux montées des marches ! Cette même année, **Mireille Darc** vient sur le pouce à Cannes en compagnie de ses amis **Georges Lautner** et **Michel Audiard**. Ce dernier, apprenant que Sophia Loren préside un jury composé exclusivement d'hommes de lettres français, académiciens pour la plupart, dont Marcel Achard, Maurice Genevoix, André Maurois, Marcel Pagnol, Jean Giono et Armand Salacrou, s'exclame : « C'est le festival des tontons ! »

1957 Eddie Constantine, consacré vedette du film noir à la française et partenaire de Zizi Jeanmaire dans *Un soir au music-hall*, vient rouler des mécaniques sans mordre le tapis. Découvert à Cannes en 1955, à 38 ans, il tenait dans ses bras pour les besoins d'une photo de charme Brigitte Bardot et assurait alors la promotion de *Ça va barder*, de John Berry, dans lequel il jouait Johnny Jordan.

2003 En vertu d'une savante alchimie, imperceptible au commun des festivaliers, auréolée de deux Césars, l'actrice française **Karin Viard** se retrouve au jury de la 56e édition que préside Patrice Chéreau. À son côté, siègent notamment, en vertu des lois de l'équilibre des sexes, des pays et des professions, Meg Ryan, Jean Rochefort, Steven Soderbergh. La composition du jury relève de l'arbitraire le plus total et surtout des disponibilités des gens de cinéma pressentis. Depuis que Jodie Foster, après avoir accepté la présidence de l'édition 2001, avait dû refuser en raison d'un tournage, la direction du Festival marche sur des œufs en proposant les fauteuils.

Le sport en chambre

DOUBLE PAGE SUIVANTE

1962 C'est l'année des très grandes manœuvres. On lance d'importants travaux. On déplace des milliers de mètres cubes de sable. On élargit la Croisette qui passe de deux à quatre voies, avec une rangée de palmiers en son milieu. Pendant que tout le monde s'agite au-dehors, la renversante **Natalie Wood** ne sort pas de sa chambre du Carlton, où elle passe son temps en tête à tête avec son nouveau compagnon Warren Beatty. Tous deux ont, à Cannes, la fièvre dans le sang.

1959 Après avoir été jugé indésirable au Festival où ses articles étaient considérés comme beaucoup trop polémiques, l'ex-critique du magazine *Arts* François Truffaut y revient en fanfare avec *Les Quatre Cents Coups* qu'il a réalisé. **Jean-Pierre Léaud**, son jeune interprète qui est aussi son double, devient à 15 ans connu comme le loup blanc, du jour au lendemain. Cocteau qui le trouve éblouissant de naturel l'engage, après l'avoir découvert à Cannes, pour un rôle dans son *Testament d'Orphée*. Accompagné par sa mère, la comédienne Jacqueline Pierreux qui réajuste et recoud ses pantalons dans leur chambre d'hôtel, le jeune acteur ne cache pas sa joie et s'amuse comme un petit fou.

1978 **Louis Malle**, réalisateur français dont les œuvres ont soulevé de nombreuses polémiques, présente *La Petite* qui raconte les aventures d'une gamine élevée dans une maison close de La Nouvelle-Orléans, au début du siècle. La projection fait scandale. Des spectateurs sifflent, d'autres conspuent, et chacun des membres de l'équipe se trouve constamment assailli par des cris d'orfraie appelant à l'interdiction. Désireux d'éviter le tapage ambiant et le harcèlement photographique, le cinéaste renonce à quitter son hôtel et, pour tromper l'ennui, organise des parties de pétanque endiablées sur l'épais tapis des longs couloirs pour ses deux interprètes principales. Ainsi, **Brooke Shields** et **Susan Sarandon**, qui joue la mère de la petite, s'initient aux jeux de boules loin de la foule déchaînée.

Le repos du guerrier

1964 Élément essentiel de la vie des festivaliers, bloqués dans les hôtels de jour comme de nuit, l'ascenseur rythme les hauts et les bas de leurs humeurs. Par-delà les mécanismes qui, depuis des lustres, régissent les allers et venues de ceux qui montent et qui descendent, comme **Guy Bedos** et **Sophie Daumier**, alors en pleine ascension artistique, l'engin cannois qui mériterait le plus d'être classé monument historique et lieu de mémoire est, sans conteste, celui situé à l'entrée arrière du nouveau palais, à proximité du parking VIP. Nullement luxueux, assez vaste, à mi-chemin entre le monte-charge et le plateau-benne, l'engin reste l'un des endroits le plus et le mieux fréquentés de la Côte d'Azur. Désireux d'arriver ou de partir en catimini, d'échapper aux fans en fièvre, d'éviter la bousculade des coulisses, Godard, Gregory Peck, Mick Jagger et quantité d'autres y ont recours. Pour la montée au septième ciel ou la dégringolade aux enfers.

2005 Surgit dans le paysage cannois un drôle de ludion : **Édouard Baer**, touche-à-tout délirant, à la fois comédien et réalisateur, qui vient de mettre en scène son deuxième film, *Akoibon*. À chaque Festival ses découvertes. Toutes les éditions voient émerger des têtes nouvelles qui font leurs effets, dans tous les sens de l'expression. Des nouveaux venus qui passent, plaisent, restent, s'installent, éberlués, ébaubis, face à cet événement insensé. Et qui, devenus accros, d'une année l'autre, reviennent.

DOUBLE PAGE SUIVANTE

1967 Un homme et une femme. Un an après le triomphe du film de Claude Lelouch, **Jean-Louis Trintignant** est de retour à Cannes pour la présentation, en sélection officielle et en compétition, de *Mon amour, mon amour*. C'est le premier film écrit et réalisé par sa femme **Nadine Marquand**. Jean-Louis y joue le rôle principal face à Valérie Lagrange qui était déjà son épouse dans le film de Lelouch. Marie, la petite fille du couple âgée de 4 ans, fait également partie de la distribution. Le film n'est gratifié d'aucune récompense mais, deux ans plus tard, Jean-Louis reçoit le prix d'interprétation pour le rôle du petit juge à lunettes fumées de *Z*, de Costa-Gavras.

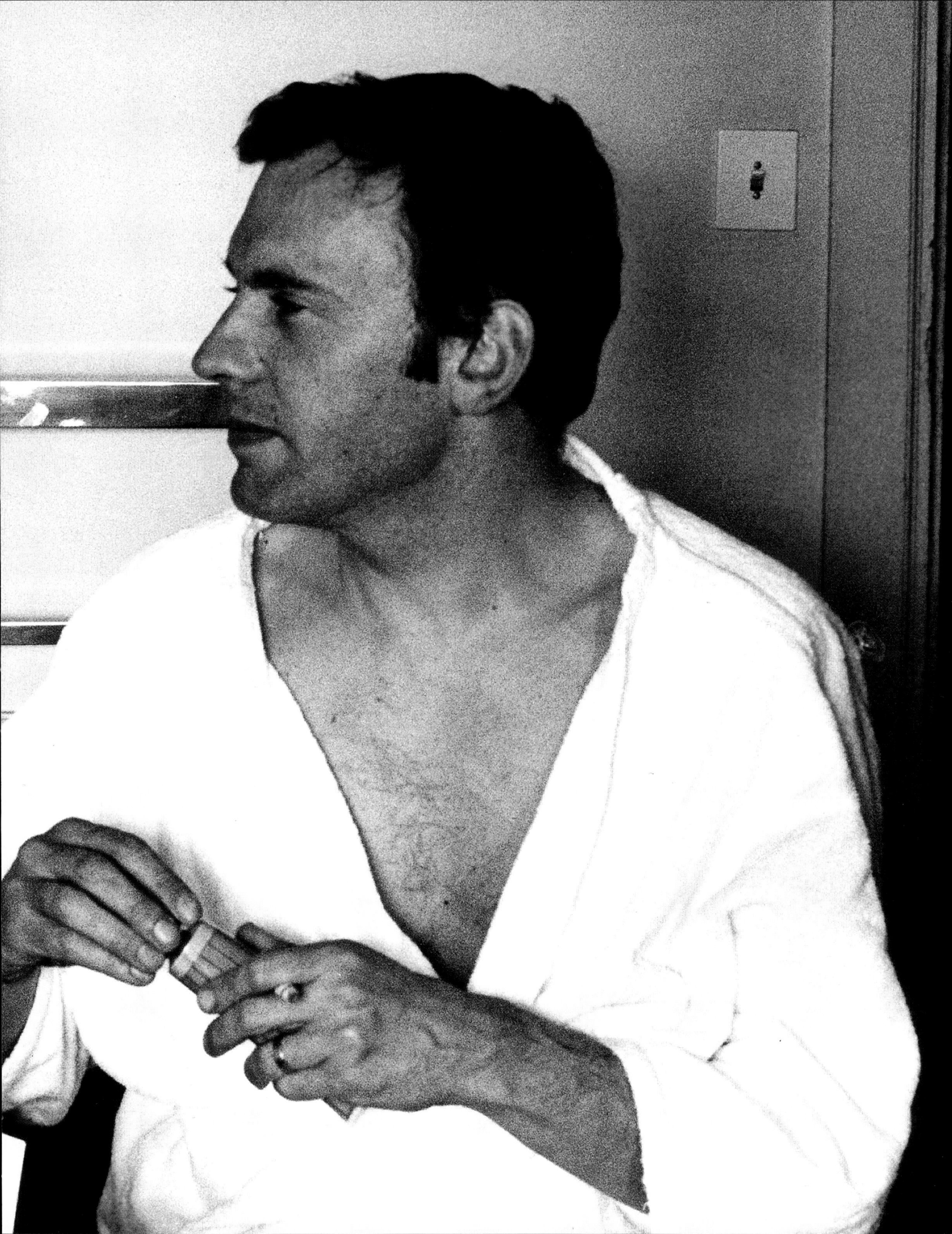

1959 **Romy Schneider** tourne *Mademoiselle Ange* aux studios de la Victorine, à Nice. Elle y joue le rôle d'une hôtesse de l'air changée en ange gardien d'un pilote automobile campé par Henri Vidal, dont le mécanicien n'est autre que Jean-Paul Belmondo. En voisine, elle vient présenter *Carnets intimes de jeune fille*, de Rolf Thiele. **Alain Delon**, qu'elle a rencontré et aimé sur le tournage de *Christine*, à Paris, en 1958, l'accompagne. Tous deux, très amoureux, ne se quittent pas.

love stories

À Cannes, chacun se montre animé d'une vraie fureur de vivre et d'une belle envie d'aimer. Le Festival est vécu comme une aventure individuelle et comme une dépense d'énergie. Comme si chacun, avec ivresse et avec rage, avec vertige et désespoir, voulait, sous le soleil exactement, profiter d'ultimes instants de bonheur et de folie. La fête extrême avant la fin suprême. En une seule et unique édition, quantité de couples se rencontrent, se plaisent, s'aiment ou se séparent. Au vu et au su de tout le monde ou dans la pénombre. Les années se suivent et se ressemblent.

1962 fut, comme tant d'autres, à la fois extraordinaire et ordinaire. La nonchalance de la décennie annoncée, la douceur de vivre affichée, la grâce de l'époque constatée font, si l'on s'y intéresse, des journées de mai qui s'y déroulent un cas d'analyse, une force de l'exemple et une chronique singulière. Cette année-là reste assurément comme celle du séjour le plus secret du couple le plus invisible de toute l'histoire de Cannes. Jeunes amants, Warren Beatty et Natalie Wood viennent d'amorcer une liaison torride à Hollywood sur le tournage de *La Fièvre dans le sang* et, depuis, ils ne se quittent pas. Natalie divorce de Robert Wagner, et Warren rompt avec Joan Collins.

Invités par le Festival pour l'édition 1962, ils arrivent ensemble et, dès leur sortie d'avion, apparaissent collés l'un à l'autre comme deux bonbons sucés, serrés tels deux bengalis sur une branche. Après avoir envoyé un chasseur de l'hôtel acheter chez un oiseleur local deux perruches qu'elle offre à son fiancé chéri, Natalie se cache. Warren aussi. Ils s'engouffrent dare-dare dans la suite qui leur est réservée au Carlton et y disparaissent, corps et biens, trois jours durant. Les officiels carillonnent au téléphone, il est décroché. Les femmes de ménage tapotent à la porte, un panonceau portant la mention « Ne pas déranger » y est accroché. Les deux tourtereaux, visiblement, veulent roucouler en paix et n'entendent pas se faire manœuvrer par qui que ce soit. Les séances du soir se déroulent donc sans eux.

Un rien défaits, les yeux fardés de cernes, ils se décident à pointer le bout de leur nez au crépuscule du dernier soir. Ils boivent l'apéritif lors de la réception que donne quotidiennement, dans sa villa Yakimour du Cannet, la bégum Aga Khan. Natalie rayonne, lovée contre son fiancé. Ils voient un film, un seul, et retournent dans leur chambre. L'amour.

Cette même année, François Truffaut, comme membre du jury que préside l'ancien ambassadeur du Japon à Paris, assiste au Festival dont il a, précédemment en une multitude d'articles très méchants, écrit pis que pendre et où, cette année, il est accompagné de sa femme Madeleine et de sa fille Laura. Jean-Luc Godard arpente la Croisette enserrant par la taille sa muse en chapeau de paille d'Italie, Anna Karina qu'il a épousée l'année précédente. Le spectacle des deux réalisateurs de la Nouvelle Vague, bousculant les traditions de la manifestation et celles du septième art, se révèle charmant. L'amour, l'amour.

Johnny Hallyday, collier de fleurs hippy autour du cou, danse le twist pendant une partie de la nuit avec l'actrice allemande Elke Sommer aux blondeurs choucroutées. Glenn Ford, la star américaine de service, est photographié tandis qu'il dispute une partie de karting pétaradante avec sa femme. Et Romy Schneider arrive au bras d'Alain Delon avec lequel elle vient de jouer au théâtre, à Paris, *Dommage qu'elle soit une putain*, mise en scène par Luchino Visconti. Le même réalisateur la dirige dans l'un des quatre sketches du film scandale *Boccace 70*, dans lequel elle incarne une dame chic du meilleur monde qui oblige son mari amateur de call-girls, joué par Tomas Milian, à la payer à chacun de leurs rapports sexuels.

Pour se rendre au déjeuner organisé au château de La Napoule, Romy quitte le Carlton en manteau Chanel blanc et chapeau en forme de pot de terre à l'envers. Delon l'accompagne. Tous deux sont assis sur le capot arrière d'une longue Thunderbird à ciel ouvert. Ils ont posé les pieds sur la banquette arrière. À leur côté, alors que Delon est au milieu, trône Sophia Loren, en chapeau cloche à fleurs, un buisson de roses emballé dans du papier cristal sur les genoux. Vedette du sketch mis en scène par Vittorio de Sica dans le même film italien qui irrite les censeurs, la rivale de Gina pose la main sur l'épaule du monsieur installé à la place du passager devant elle, à petit feutre à carreaux anglais. C'est Carlo Ponti, le producteur du film et aussi son mari, qui, retourné vers madame, ne la quitte pas des yeux.

Les photographes ne réussissent pas à prendre un cliché qui leur convient. Ils sont regroupés dans plusieurs automobiles lancées à la remorque de la Thunderbird qui roule à petite vitesse. L'un d'eux s'enhardit, dépasse la décapotable, se rabat, s'arrête sur le bas-côté et s'allonge sur la route pour obliger la voiture américaine à stopper. Ce qu'elle fait. Sophia, Romy et Alain, amusés, jouent le jeu, campent sur leurs positions et posent pour le photographe.

À sa compagne Monica Vitti qu'il dirige dans *L'Éclipse*, où elle incarne la dénommée Vittoria qui rêve d'un amour éternel, Michelangelo Antonioni dédie le prix spécial du jury attribué à son film. Le Festival 1962, fertile en émotions romanesques et en effusions sentimentales, est bel et bien celui des amoureux transis et des liaisons affichées.

À Cannes, lorsque se rallument les lumières des cinémas et que le regard se promène à l'entour, dans les salles puis dans les rues, il saute aux yeux que, depuis soixante ans, depuis quantités d'éditions, de Romy à Natalie, les plus belles scènes d'amour ne sont pas sur l'écran mais dans la vie.

DOUBLE PAGE SUIVANTE

1998 Dans l'amphithéâtre Lumière, le Festival rend hommage à onze producteurs, dont, pour la France, Claude Berri. **Gérard Depardieu**, prix d'interprétation masculine à Cannes, en 1990, pour *Cyrano de Bergerac*, s'est déplacé pour honorer celui qui est non seulement son producteur (*Jean de Florette*), mais aussi son ami. À ses côtés, **Carole Bouquet**, qui partage la vie du monumental comédien, et **Christian Clavier**, son partenaire dans *Astérix et Obélix contre César*, produit par Berri.

Mythes et légendes

1971 L'ex-Beatle **John Lennon**, en jean rapiécé, fait une apparition remarquée sur la Croisette en compagnie de sa femme **Yoko Ono**. Ils sont les invités de la Quinzaine des réalisateurs, où chacun accompagne un court-métrage. John présente *Apocalypse*, filmé par une caméra attachée à un ballon lâché au-dessus d'un village enneigé. Yoko vient défendre *Fly*, qui montre les évolutions d'une mouche sur le corps d'une femme nue. Tous deux se trouvent embarqués dans le scandale du *Souffle au cœur*. La projection du film de Louis Malle suscite en effet un tohu-bohu insensé. Face à la foule qui réclame l'interdiction du film, John et Yoko prennent fait et cause pour le cinéaste et, au côté de Jeanne Moreau et de Milos Forman, le soutiennent sans réserve.

PAGE 96

1962 **Anouk Aimée** fait du hamac avec **Maurice Ronet**, vedette de *Liberté 1*, d'Yves Ciampi, en compétition. Quatre ans plus tard, elle reviendra en beauté avec *Un homme et une femme*, de Claude Lelouch. En 1980, elle obtiendra le prix d'interprétation féminine pour son rôle de Marta Ponticelli dans *Le Saut dans le vide*, de Marco Bellocchio, réapparaîtra pour *Un homme et une femme : vingt ans déjà*, en 1986, et recevra un hommage spécial du Festival pour l'ensemble de sa carrière en 2006, lors d'un dîner donné au Carlton. Brune et énigmatique, elle s'installera ensuite au bar avec ses amis Arlette Gordon et Dominique Besnehard sans jamais parler du temps qui passe.

1955 **Gina Lollobrigida**, starifiée l'année précédente par *Pain, amour et fantaisie*, de Luigi Comencini, revient en fanfare à Cannes avec le docteur **Milko Skofic**, qu'elle a épousé en 1949. Celui-ci, pour l'amour d'elle, a renoncé à sa carrière afin de devenir son agent. Gina déclenche des émeutes sans pareilles. Tous deux s'amusent à participer, au volant d'une Alfa Roméo métallisée, au deuxième rallye automobile du cinéma, sur les hauteurs de la ville. Mais, cette année-là, pareillement gonflée à bloc, pointe le bout du nez sa rivale Sophia Loren qui émerge dans le paysage cinématographique. Les deux vedettes italiennes qui ont commencé en se faisant remarquer dans des concours de beauté se mesurent, se jaugent, se jugent et, d'emblée, se détestent.

1959 De **Sophia Loren**, starlette à la plastique explosive et aux charmes exubérants, le producteur italien **Carlo Ponti** fait une femme fatale, quintessence, avec Gina Lollobrigida, de la star italienne débordante de vitalité sensuelle. Il l'épouse en 1957, ce qui provoque un tollé. On l'accuse en effet, de l'autre côté des Alpes, de bigamie car il était déjà marié dans un pays qui ne reconnaît pas le divorce. Pour les beaux yeux de sa femme, cette année-là, Carlo Ponti achète les droits du roman d'Alberto Moravia *La Ciociara* et en lance la production. L'année suivante, pour son interprétation de Cesira, Sophia remporte le prix d'interprétation féminine qui lui vaut une reconnaissance internationale. Le soir de l'entrée de Sophia au palais, Marcel Achard, bouleversé par l'apparition, en perd ses lunettes.

DOUBLE PAGE SUIVANTE

1957 **Elizabeth Taylor**, qui a épousé **Michael Todd** en février, débarque à Cannes dans l'avion privé de son mari. Somptueuse en jeune mariée auréolée d'une couronne de diamants, elle ne défend aucun film sinon la superproduction de ce troisième époux qu'elle adore, *Le Tour du monde en 80 jours*. Férue de littérature européenne, Elizabeth présente malicieusement Jean Cocteau, le président du jury dont elle connaît les œuvres, à son Michael chéri sous la dénomination de « Jean Coquelicot ». Miss Taylor reviendra à Cannes, trente ans et quatre maris plus tard.

DOUBLE PAGE PRÉCÉDENTE

1959 Le couple est alors au sommet de l'affiche et du palais. **Simone Signoret** reçoit, les larmes aux yeux, le prix d'interprétation féminine pour son rôle d'Alice dans le film britannique de Jack Clayton *Les Chemins de la haute ville*. Elle y interprète une Française mais parle anglais sur la bande-son. **Yves Montand**, quant à lui, joue à l'Américain et chante en français dans la grande salle des Ambassadeurs où six cents festivaliers, dont Rhonda Fleming, Marie Laforêt et Sophia Loren, l'écoutent religieusement. À l'issue du récital, la comédienne couronnée et le chanteur-acteur se retrouvent en haut de la terrasse aux drapeaux.

1955 Après sa présentation officielle à Rainier III, prince souverain de Monaco, **Grace Kelly** est de retour à Cannes. Ce sera son dernier séjour en tant qu'actrice. Installée au Carlton, elle y retrouve le célèbre comédien français **Jean-Pierre Aumont**, qui fait carrière outre-Atlantique et travaille à Hollywood dans les mêmes studios qu'elle, à la Metro Goldwyn Mayer. En sa compagnie, la star américaine arpente la Croisette et va jusqu'à offrir des boissons non alcoolisées aux photographes qui la suivent et s'en souviennent encore. Attachés à ses pas, ces derniers immortalisent quelques instants de quiétude entre les deux comédiens qui, flirtant, se croient seuls au monde.

Tea for two

Antonio

2006 Sur le tournage de *Marie-Antoinette*, au printemps 2005, **Sofia Coppola** révèle son histoire d'amour avec le Français **Thomas Mars**, chanteur du groupe Phoenix. Elle a rencontré son nouvel amoureux lors de la préparation de la bande originale de *Lost in Translation*, son précédent film, et en particulier de la chanson *Too Young*. À son côté, elle déroule son très beau et très original long-métrage sur la dernière reine de France et confie en privé, le soir de la projection officielle, attendre un heureux événement.

Raison et sentiments

1997 **Johnny Depp** présente en sélection officielle *The Brave*, le premier film, et seul à ce jour, qu'il ait réalisé, avec notamment Marlon Brando. Il y joue Raphael qui, pour faire subsister sa famille, accepte de jouer dans un *snuff movie* où il est sexuellement martyrisé. La critique, s'attendant à voir un film rock déjanté, est décontenancée face à un récit initiatique plutôt sensible. Le soir de la projection, Johnny monte les marches en compagnie de sa fiancée **Kate Moss**. Ils feront ensuite la fête, dansant enlacés sur la plage, et regagneront l'hôtel du Cap, à Antibes, au petit jour.

2005 Un mois après la sortie de *Brice de Nice*, **Jean Dujardin** fête le réel succès du film de James Huth. Près de lui sur les marches du palais sa chérie **Alexandra Lamy**, en jaune serin évidemment, clin d'œil à cette histoire de surfeurs qui « fartent », tournée à Nice l'été précédent.

2001 Ayant signé le contrat du film de Brian de Palma *Femme fatale*, **Antonio Banderas** est à Cannes pour tourner des scènes censées se dérouler pendant le Festival, sur les marches et dans le palais. Le réalisateur décide de les mettre en boîte au lendemain de la clôture, quand l'appareillage du Festival est encore installé. En attendant, l'acteur espagnol escorte sa femme, **Melanie Griffith**, qui reçoit un trophée spécial dans la grande salle à manger du Carlton, après une projection de *Working Girl* et un discours de Véronique Cayla. La directrice générale du Festival salue ses mérites et son tatouage apparent. Antonio en pleure d'émotion.

Un jour mon prince viendra...

1958 Son Altesse Sérénissime la nouvelle princesse de Monaco vient à Cannes avec son mari. Leur rencontre remonte à 1955. Cette année-là, alors qu'elle se rend à Cannes en compagnie de Gladys de Segonzac, **Grace Kelly** rencontre, au wagon-restaurant du Train bleu, son amie Olivia de Havilland escortée de son mari, Pierre Galante, journaliste à *Paris Match*. Ce dernier émet l'idée d'un reportage à Monaco, au palais, qui rassemblerait devant l'objectif de deux photographes du magazine la star américaine et le prince souverain. La suite appartient à l'histoire des contes de fées et du cinéma international. Miss Kelly devient l'épouse de **Rainier III** le 19 avril 1956.

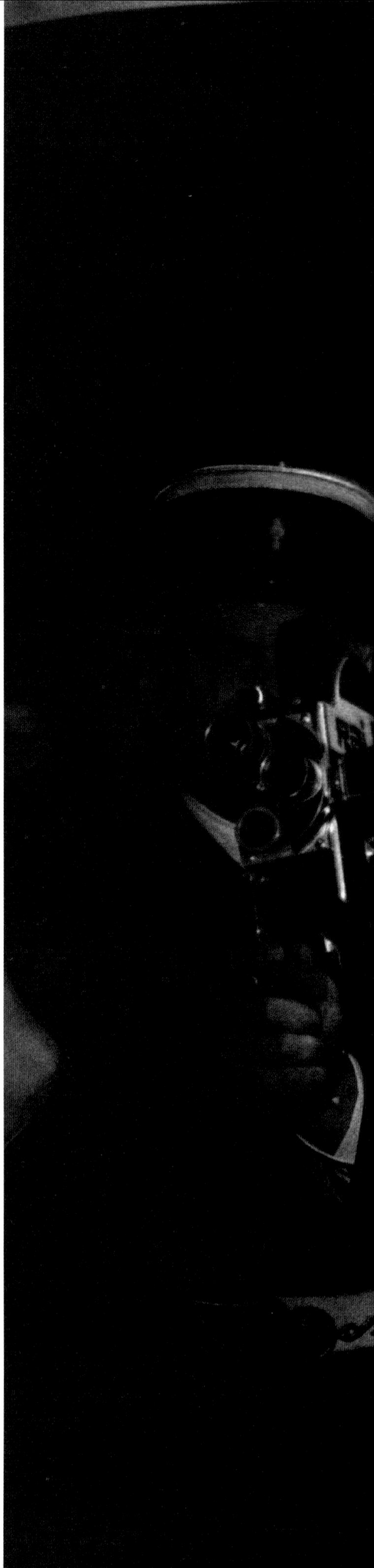

coquillages & crustacés

2004 Le cinéma américain a au moins, cette année-là, deux visages qui flottent, sans palmes, sur les vagues du succès. Celui de Michael Moore, déguisé en scaphandrier, palme d'or pour *Fahrenheit 9/11*, et celui de **Will Smith**, vedette de *Gang de requins*, en tenue de bain de compétition. Afin d'assurer la promotion de ce film d'animation où Oscar, un petit poisson bavard et affabulateur, raconte qu'il est chargé de défendre la barrière de corail, le comédien chevauche un dauphin pneumatique dans la baie. Avec lui, Renee Zellweger, Robert De Niro et **Angelina Jolie** prêtent leur voix aux personnages de ce dessin animé. En zigzaguant sur les flots, Will fait donc des bulles.

Du plus loin qu'on s'en souvienne, plus personne ne peut témoigner de l'apparition dépoitraillée, à Cannes, de la toute première starlette. On constate simplement, un jour de beau temps, que de nombreuses créatures s'illustrent sur le sable en petite tenue. Elles semblent naître de la vague, quasi nues, tortillant des fesses et montrant leurs seins noyés d'écume.

Tout s'emballe, ou plutôt tout est déballé lors de l'édition 1954. L'incident mémorable a pour cadre les sulfureuses îles de Lérins, toutes deux situées au large face à la ville dont elles dépendent. En dépit de la présence, au côté de l'île Sainte-Marguerite, sur l'île Saint-Honorat, d'un monastère, d'emblée les fameux îlots accueillent les demoiselles qui, en tenue d'Ève, choisissent de baigner dans le soleil en ménageant leurs effets, dans tous les sens de l'expression. Le Festival sait que là-bas, sur les plages, dans les rochers, des apprenties vedettes étalent leur plastique dans l'air du temps et le vent de la mer.

C'est à la fois dans Cannes et hors de Cannes, donc, que ce matin-là la dénommée Simone Silva, jolie starlette française du cinéma anglais, portant une courte jupe plissée en vogue sur les courts de tennis, soudain, fait la folle. Elle commence à jouer les intéressantes devant les objectifs de photographes qui participent à un pique-nique champêtre. L'atmosphère est à la fête. Quelques stars sont de la partie, dont Robert Mitchum qui, attablé au restaurant La Guérite, s'intéresse de près au vin rosé frais local. Poussée par les photographes à l'affût d'un cliché insolite, Simone se dandine. Bob Mitchum, facultés légèrement émoussées par l'alcool et par la chaleur, se trouve à proximité. Il se rapproche. Simone s'échauffe et, soudain, elle tombe le haut. Le ravissement, bien plus que l'affolement, est général. Bon samaritain, Bob, mi-sérieux mi-rigolard, ouvre les bras et bombe le torse. Simone fait de même et se blottit, poitrine en avant, contre la star américaine qui n'a pas la réputation d'un enfant de chœur. Elle se tourne, se retourne, se contourne et colle son ventre puis son dos contre Bob qui, désireux de ravir aux yeux de la foule ce qu'elle ne saurait voir, avance ses mains, transformées en louches à potage, et les plaque sur les seins de la demoiselle. La photo est saisissante. Jamais encore pareille scène ne s'est déroulée à Cannes et, dès le lendemain, le cliché fait le tour du monde.

Le tollé est général et le scandale total. En s'exhibant poitrine nue au côté de Robert Mitchum, Simone Silva déclenche un tapage dévastateur. Et la suite de l'histoire se révèle riche d'enseignements. Les officiels, sur-le-champ, chassent la malheureuse du paradis terrestre. Mitchum, en compagnie de sa femme Dorothy qui en a vu d'autres mais qui fait la tête, boucle ses valises. À Hollywood, les journaux le traînent dans la mélasse, ce dont il se moque, et une campagne de presse s'orchestre à l'encontre du Festival de Cannes présenté comme la capitale de la débauche, réunion de tous les vices et domaine des sept péchés capitaux. Sous la pression des églises anglicanes et des ligues de vertu, les producteurs américains menacent de ne plus envoyer aucun film sur la Croisette. L'affaire prend une telle tournure que Robert Favre Le Bret, délégué général de la manifestation, doit partir pour la Californie et s'expliquer devant les membres de la profession. Il fait amende honorable, présente ses excuses à la nation américaine et jure que pareil débordement ne se produira plus. Il s'y engage solennellement. La carrière de Mitchum, qui vient de tourner *La Rivière sans retour*, marque un temps d'arrêt puis repart. Celle de Simone Silva ne démarre jamais. Pourchassée par les comités de décence, elle ne trouve aucun emploi, ne reçoit aucune proposition. Désespérée, elle se suicide. Ce qui n'empêche pas les photographes de continuer à s'agglutiner autour des corps dénudés des délits.

Françoise Deldick, blonde starlette des années 1960 vue en maillot sur le sable chaud, réussit à entrer à cheval dans le hall de l'hôtel Carlton. En 1960, la ravissante demoiselle vient de tourner *Heures chaudes*, de Louis Felix. Histoire de faire parler du film, la productrice fait venir de Nice une jument blanche à crinière noire et l'installe dans une petite cour. Françoise, qui habite un hôtel voisin, n'est au courant de rien. Le secret reste bien gardé. Plusieurs dizaines de photographes, avertis de l'imminence d'un événement, poireautent devant le Carlton. Le directeur, contacté, donne son accord pour le démontage de la porte-tambour de l'entrée. Françoise, maillot de bain sous son jean moulant et foulard autour du cou, grimpe sur le cheval et, à quelques mètres de la plage, arrive devant les colonnades du perron. Juchée sur sa monture qu'elle maîtrise en dépit de la bousculade et des éclats de flashes, la jeune actrice passe sous le chambranle de pierres et pénètre dans le hall. Aux réceptionnistes, du haut de sa selle, elle demande une chambre pour elle et pour son cheval. Du jour au lendemain, tout le monde s'arrache cette nouvelle sirène cannoise. Le plus gros coup de pub de la Croisette, c'est elle.

Pour mémoire, sur le sable, une apprentie vedette se déshabille en direct devant le micro de Christian Barbier qui, pour Europe 1, l'invite à se mettre à nu face aux auditeurs. Elle est ravie d'obtempérer. Une autre quitte la plage et se cache dans une grosse corbeille de linge livrée à l'hôtel Majestic par la porte arrière. Entrée dans le saint des saints, elle erre en maillot de bain dans les couloirs et, n'ayant pu approcher aucun producteur ni réalisateur pour proposer ses services, elle demande aux hommes qu'elle rencontre qui ils sont exactement. Repérée, elle est obligée de quitter les lieux.

Aujourd'hui, les starlettes en petite tenue ont disparu et les stars en grande tenue ne s'installent plus à même le sable. En 2005, l'équipe de *Joyeux Noël* choisit de bivouaquer sur d'énormes coussins posés sur les coquillages, mais elle demeure l'une des rares à s'être mouillée. Les plages de Cannes, privatisées, sont maintenant désertées par les stars. Et le seul endroit du rivage à rester excellemment fréquenté est la piscine de l'Éden Roc, à l'hôtel du Cap. Sylvester Stallone, Liz Hurley, Eva Herzigova, George Clooney, Sharon Stone ou Madonna ont plongé dans le bassin d'eau de mer chauffée, avec déversoir taillé à même la roche. Imperturbables, des dizaines de paparazzis, tapis sur les rochers et dans les feuillages à l'entour, guettent. Sous les objectifs, qui ont changé, la plage.

Et Dieu créa la femme...

1985 C'est l'année où, pour la première fois, le jury assume ses responsabilités et monte sur scène pour la proclamation du palmarès, et où Jean-Luc Godard, génie barbouillé, reçoit une tarte à la crème dans la figure. C'est celle aussi de la révélation du talent de **Juliette Binoche**. Sur la plage, la jeune actrice respire l'air du temps. En une projection, celle de *Rendez-vous*, d'André Téchiné, où elle joue le rôle d'une petite provinciale montée à Paris dans l'espoir d'y devenir actrice, elle entre dans la légende du Festival.

2000 Personne ne comprend ce à quoi joue le mannequin tchèque **Eva Herzigova**, surprise en pleine séance sado-maso sur la plage. Au fond, comme beaucoup de gens à Cannes, elle ne fait pas grand-chose, si ce n'est attirer les regards. D'ailleurs c'est à partir de cette année-là que les mannequins font officiellement leur entrée à Cannes. À l'applaudimètre, les égéries d'une marque de shampooing, grimpant les marches entre deux légendes du cinéma français, paraissent mieux loties. Eva qui représente à l'époque, ce n'est pas qu'un détail, une marque de soutien-gorge, pose devant l'objectif d'Helmut Newton pour le plus grand bonheur de tous les photographes présents sur la Croisette.

EE HOW THEY RU
FLED

1958 À Cannes, sur la plage, **Louis Malle** et **Jeanne Moreau** se préparent à la baignade. Le photographe a placé les bouteilles d'oxygène en guise de clin d'œil. Quelques années plus tôt, au sortir de l'Idhec, le jeune cinéaste a été engagé comme assistant par le commandant Jacques-Yves Cousteau pour l'aider dans la réalisation, à bord de la *Calypso*, de son documentaire sur les fonds marins. Sur le tournage, lors d'une plongée, il a eu les tympans crevés, ce qui l'empêche à jamais de réaliser ce genre de films. *Le Monde du silence* remporte la palme d'or en 1956. Malle a 23 ans. L'année suivante, il tourne son premier long-métrage, *Ascenseur pour l'échafaud*, avec Jeanne Moreau qui partage alors sa vie.

Une si jolie petite plage

1955 Avant qu'*Orphée* ne devienne noir au cinéma, le réalisateur américain Otto Preminger tourne *Carmen Jones* avec l'éblouissante **Dorothy Dandridge**. L'affaire fait scandale. Pour la première fois, la cigarière de Séville a le teint chocolat. Les héritiers de Georges Bizet font un procès et tentent d'interdire le long-métrage qui restera, de fait, invisible jusqu'en 1981. Présenté en clôture, hors compétition, le film vaut à Dorothy, doublée vocalement par la diva Marilyn Horne, une nomination, la première pour une artiste black, à l'Oscar de la meilleure actrice. Dorothy, très entourée pendant son séjour cannois, perd la statuette au profit de Grace Kelly, dans *Une fille de province*.

Sous le soleil exactement !

1968 **Anny Duperey** fait bien d'en profiter en paressant au soleil. Par une étrange coïncidence, le gala d'ouverture présente *Autant en emporte le vent*, et l'incendie qui embrase Atlanta se propage à Cannes. Le lendemain, le 13 mai, c'est l'émeute suivie d'une révolution de palais, et plus personne ne flânera au soleil lors de cette édition mémorable. Polanski, Malle et Monica Vitti démissionnent du jury. Truffaut, Godard et Léaud s'accrochent aux rideaux. Saura empêche la projection de son film. Resnais et Forman retirent leurs œuvres de la compétition. Sous la pression et avec l'arrivée d'étudiants en grève, la grande salle est transformée en lieu d'assemblée générale permanente. Et le Festival ne sera plus le même. Pas mieux, pas moins bien. Mais différent.

1980 La première est apparue un beau jour, comme née de la vague, déposée sur le sable dans un flot d'écume, dans le simple appareil de sa beauté arrachée au soleil, puis la deuxième et d'autres encore. La ruée des starlettes, nues comme au premier jour, a longtemps semblé couler de source à Cannes. Les filles arrivaient, en quête de rôles, de producteurs et de reconnaissance, et elles prenaient la pose sur le sable des plages, sirènes étincelantes de lumière irisée, folichonnes, frivoles, fébriles, fragiles, frêles. Au milieu des coquillages et des crustacés, l'exhibition était leur lot. La chaleur du jour les habillait. Les caresses du soir les rhabillaient. Cela aurait pu durer jusqu'à la fin des siècles. Mais, au fil du temps, les mœurs évoluant et le monde changeant, les demoiselles semblent mener un combat d'arrière-garde. Les films, les vidéos et les magazines se mettent, peu à peu, à montrer plus encore de chairs dénudées et plus encore d'âmes mises à nu. Et il s'avère dès lors vite inutile d'aller chercher sur la plage des sensations fortes, artistiques et esthétiques, auprès de créatures qui ont désormais cessé de jouer les poupées impudiques pour ne plus apparaître, finalement, que comme des pépées pathétiques.

1972 **Sydney Pollack** et **Robert Redford** s'affichent raccord avec leur film, réalisé par le premier et interprété par le second. *Jeremiah Johnson*, western écologique, tente de réconcilier les créatures humaines avec les éléments essentiels de leur vie, comme l'eau, l'air et le soleil. Redford qui milite déjà pour la cause de l'environnement multiplie les rencontres et fait du film une œuvre culte qui secoue le Festival. La manifestation est également troublée par l'affiche de *Fellini Roma* qui représente une femme-louve à six mamelles. Le MLF (Mouvement de libération de la femme) obtient son arrachage. Les Isabelle, Adjani et Huppert, effectuent leur entrée à Cannes dans le film de Nina Companeez *Faustine et le bel été*.

Drôles de couples !

1981 La gauche est au pouvoir. Les Américains renâclent à faire le déplacement. Sur un coin de rocher, les deux espions les plus célèbres de la planète fraternisent. **Sean Connery** et **Roger Moore** se mesurent en 007. Clin d'œil : cette année, pour entrer au Carlton, clients et festivaliers doivent passer entre les jambes – un gigantesque panneau collé sur la façade – de Carole Bouquet, vedette du prochain film de la série *Rien que pour vos yeux*, dont la sortie est annoncée pour la rentrée.

1990 Ces messieurs muscles débarquent par jet privé de Los Angeles. Tous deux sont conduits directement de l'aéroport jusqu'à l'hôtel du Cap, à Antibes. **Arnold Schwarzenegger** et **Sylvester Stallone** ne sont pas les invités du Festival, mais ceux de Mario Kassar, patron de la maison de production Carolco Pictures. Le soir même, une fête somptueuse réunit sept cents célébrités à l'hôtel du Cap, fabuleuse résidence où se retrouvent en paix, loin de l'agitation de la Croisette, les stars d'Hollywood. Les deux rivaux prennent l'apéritif sur le balcon de l'Éden Roc avant de valser dans les bras l'un de l'autre. Puis, en l'honneur de Schwarzenegger (venu avec sa femme Maria Shriver) et de Stallone (venu avec sa fiancée Jennifer), le champagne coule à flots, un souper au caviar est servi, les Gipsy Kings chantent, un feu d'artifice est tiré du ponton du yacht de la compagnie ancré dans la baie. Dans le parc de l'hôtel, Mick Jagger et Jerry Hall, Roman Polanski et Emmanuelle Seigner, Michael Douglas, Dennis Quaid applaudissent quand les artificiers dessinent dans le ciel les titres des prochaines productions de Carolco, dont *Rocky V*.

1953 Une starlette assiste à son premier Festival au côté de son mari. **Brigitte Bardot** est la femme de Roger Vadim, reporter à *Paris Match* et scénariste de Marc Allégret. Il a fait le voyage pour écrire un reportage sur Leslie Caron, copine de Bardot et vedette déjà établie. Brigitte, qui n'a pas encore fait grand-chose, est très sollicitée par les photographes, sensibles à sa jolie frimousse et à son corps délié. Elle traîne sur la plage, devant le palais, en bikini fleuri. **Kirk Douglas** la rejoint. Ils se connaissent. Elle vient d'accepter un petit rôle sans intérêt, une « panouille », à son côté, dans *Un acte d'amour*. Ils s'amusent et, sur la promenade qui les surplombe, le public ne perd pas une miette du spectacle.

Premiers pas sur le sable

1981 La légende raconte que, assistant à son premier Festival, la très jeune vedette de *La Boum*, **Sophie Marceau**, y rencontre le réalisateur et écrivain d'origine polonaise Andrzej Zulawski, venu présenter *Possession*. Leurs regards se croisent et il y a, entre eux, un éclair. Sophie est littéralement étouffée par une armada de fans enamourés. Mais ce n'est que trois années plus tard, à quelques kilomètres de là, à Nice où Sophie tourne *Joyeuses Pâques*, que s'opère la véritable rencontre. Zulawski l'engage pour *L'Amour braque*, et ils tournent ensemble trois autres films qui défrayent les chroniques.

DOUBLE PAGE SUIVANTE

2005 Six mois avant la sortie en salles des *Chevaliers du ciel*, toute l'équipe du film se retrouve sur le sable pour une photo réalisée non sans mal en raison du tam-tam du vent, des baigneurs et des promeneurs. En pack serré, **Clovis Cornillac** et **Gérard Pirès**, debout, **Benoît Magimel**, **Géraldine Pailhas** et **Alice Taglioni** n'attendent que de déplier leurs ailes et de s'envoler.

Cannes

Toutes folles de lui

1972 Thierry Le Luron, en verve, anime le souper de clôture. Jacques Brel, en nœud papillon, monte les marches pour *L'Aventure, c'est l'aventure*, de Claude Lelouch. Et **Alfred Hitchcock** met, pour l'avant-dernière fois de sa vie, les pieds à Cannes et dans l'eau de la Méditerranée. Facétieux, il retrousse le bas de son pantalon et enfourche un vélo de location. Lors du gala de fermeture, pour la projection de son film *Frenzy*, il est accompagné par son interprète de prédilection, Grace, ex-Kelly, devenue souveraine de Monaco qui, en robe de soie blanche avec gants assortis, lui fait l'honneur de sa présence pour la montée des marches, sous le regard admiratif de Tino Rossi qui les suit. Quatre ans plus tard, *Complot de famille*, projeté lors du gala de clôture, mettra un point final à l'œuvre d'Alfred le grand.

1981 **Arnold Schwarzenegger**, titulaire pendant plusieurs années consécutives des titres de Mister Universe et de Mister Olympia, joue les gaillards gonflés à bloc en roulant des mécaniques sur la plage. Culturiste d'origine autrichienne, totalement inconnu dans le monde du cinéma, il vient de tourner *Pumping Iron*, où il joue son propre rôle de sportif acharné. À l'issue de la projection, en tenue de compétition, mini-slip et muscles bandés, il pose entouré d'une grappe de filles en fleurs. Parmi elles figurent des danseuses du Crazy Horse qui ont spécialement effectué le déplacement de Paris. À tour de rôle, devant un public et des photographes qui n'en croient pas leurs yeux, il porte les demoiselles à bout de bras. Trente ans plus tard, il est gouverneur républicain de Californie. Le Festival de Cannes mène à tout, à condition de savoir s'en sortir.

La vie et rien d'autre

1966 On peut tout faire sur la plage de Cannes. Qui a d'ailleurs tout vu et tout connu. Apprenant que leur film avait obtenu la palme d'or, le metteur en scène et les acteurs d'*Un homme et une femme* sablent, ce qui est bien le cas de l'écrire, le champagne glacé sur le sable chaud. Après avoir fait sauter les bouchons de quelques bouteilles, **Claude Lelouch**, **Jean-Louis Trintignant**, **Anouk Aimée** et **Pierre Barouh** trinquent à leur succès.

1956 **Fernandel** vient se promener et pêcher au large de Cannes. Sa première apparition au Festival remonte à 1939. Le premier soir du premier des Festivals, il est en vedette puisque son tour de chant est programmé. À peine a-t-il fini d'interpréter ses chansons devant un parterre de stars hollywoodiennes que le ciel s'assombrit et l'orage se déchaîne. Le vent qui vient de la mer et soulève des paquets de sable sur la plage apporte une terrible tempête. Au propre comme au figuré, la bourrasque fiche tout par terre. Les banderoles s'envolent et la manifestation part avec. La Seconde Guerre mondiale est annoncée et, dès le lendemain, aux aurores, le Festival de Cannes agonise avant même d'avoir vraiment démarré. Et Fernandel reste comme le premier et seul acteur, dans tous les sens du terme, des festivités cannoises.

1964 *Le Mari de la femme à barbe* témoigne que le Festival n'utilise pas toujours, d'une année l'autre, les mêmes vieilles recettes. Aux antipodes de l'académisme et du réchauffé, le film de Marco Ferreri fait monter la sauce. Lors de la conférence de presse, Annie Girardot répond, à une question de journalistes, que la barbe de son réalisateur lui a servi d'inspiration et de modèle pour composer son personnage de dame aux joues couvertes d'un épais système pileux. Les lazzis fusent. Annie, Marco et **Ugo Tognazzi**, son partenaire, rigolent dans leur barbe. À l'issue de la conférence de presse qui aiguise les appétits, Ugo se déguise en cuisinier. Et fait des pâtes, sur la plage.

DOUBLE PAGE SUIVANTE

1964 Le Festival invite, ce n'est pas la coutume et c'est même une exception, une grosse machine commerciale, efficace et épatante. La Gaumont envoie donc à Cannes *Cent mille dollars au soleil*, histoire d'une course-poursuite vrombissante sur les pistes sahariennes entre deux camionneurs. Réunion d'une bande de copains, le film remplit son office. Avant la projection officielle, dans une villa sur les hauteurs, toute la troupe prend ses aises. C'est l'heure du farniente. De gauche à droite, paressant comme autant de dollars au soleil, **Henri Verneuil**, le réalisateur, et sa femme **Françoise**, **Lino** et **Odette Ventura**, **Jean-Paul** et **Élodie Belmondo**, **Reginald Kernan** qui joue le méchant Steiner et **Andrea Parisy** dans le rôle de l'aguichante Pepa. Elle est la compagne du producteur du film, Robert Dorfman. Sur le matelas, le dialoguiste **Michel Audiard** qui fait parler tout ce beau monde avec férocité et jubilation. *Cent mille dollars au soleil* repartira avec le Ticket d'or, prix décerné par les exploitants au film considéré comme « le plus public ».

miroir, mon beau miroir

1964 Françoise Dorléac est l'héroïne frémissante du film de François Truffaut, *La Peau douce*, qui ne rencontre pas le succès escompté. Lors de la fête qui suit la projection, elle danse avec son amant-partenaire dans le film, Jean Desailly, puis elle s'en va, sans assister au triomphe des *Parapluies de Cherbourg*, de Jacques Demy, avec en vedette sa sœur Catherine Deneuve. Le jury est présidé pour la première fois par un cinéaste, Fritz Lang, et vice-présidé par un acteur, Charles Boyer. Sur l'escalier du palais, toute l'équipe du film de Demy ouvre des parapluies par une belle soirée de douce chaleur. Cela porte chance à la comédie musicale qui remporte la palme d'or.

Il y a bel et bien le ciel, le soleil et la mer en toile de fond. Une fois ce décor de conte de fées artistiquement planté et peint de teintes pastel, il reste à le peupler de personnages pimpants comme des santons tout neufs. À Cannes, il faut rêver. Faire rêver. Attirer l'attention. Donner l'envie. Susciter l'admiration. Adorer les étoiles. Fasciner les foules sentimentales.

Au commencement, les stars viennent. Elles s'installent dans le paysage. La toute première fois, elles ne font même pas trois petits tours, et puis s'en vont déjà. Le temps de voir *Quasimodo*, avec Charles Laughton, le seul film projeté lors de l'édition 1939, avant de filer à l'anglaise. Poussées par leurs employeurs – les stars américaines sont liées par contrat de sept ans aux studios hollywoodiens –, les vedettes reçoivent donc l'injonction d'aller parader sur la Côte. C'est un ordre plus qu'une prière. Venu d'Hollywood, Jean-Pierre Aumont est le premier, lors de la première vraie édition, à obéir. Il danse sur la piste du premier bal du Festival, dans les bras de sa femme, Maria Montez. Comme devoir de vacances, il y a pire. L'exemple est suivi en haut lieu. Maurice Chevalier avec casque colonial, Erich Von Stroheim en costume de flanelle, Daniel Gélin qui ose le short noir, Vittorio de Sica avec pochette de dentelle, Raf Vallone en voiture de sport, Lana Turner en vison caramel et Gérard Philipe avec col à manger de la tarte sont en tête de peloton cosmopolite. Les stars comprennent d'emblée qu'elles ne font à Cannes que ce pour quoi elles sont façonnées de la tête aux pieds : apparaître et paraître. En pareilles occupations, elles se glissent toutes avec une indicible volupté. Il y a en effet du monde au portillon de la Croisette. Invités à se montrer dans leurs plus affriolants atours et à parader, à accompagner leur film, ces dames et ces messieurs du cinéma ne se font pas tirer l'oreille pour venir jouer aux plus belles et aux plus beaux et aller danser sur la Croisette. Aujourd'hui comme hier, ils s'empressent. Ils se pressent. Et se compressent.

À chacun, il suffit de ramener sa fraise, de faire en sorte qu'elle ait de la pêche et de la montrer, du soir au matin, laquée, nacrée, pomponnée, pommadée, poudrée, peinturlurée. À Cannes, chacun ou, surtout, chacune passe en effet son temps devant son miroir et finit, fasciné par sa propre image, par céder au vertige de son apparence. S'occuper d'être belle, ne faire que cela, et le tour est joué. En une star comme en cent, au milieu de la rutilante vitrine que constitue le Festival, les spectateurs s'identifient. Chaque acteur, chaque actrice incarne une mécanique du désir. Coiffeurs et maquilleurs sont donc les rois de la fête et, inévitablement, se retrouvent plus choyés et mieux placés à l'orchestre que des actrices ayant connu leurs heures de gloire dans le passé. À Cannes, capitale des vertiges apparents et citadelle des faux-semblants, la station devant le miroir s'avère incontournable. Mais parfois, une actrice inspirée joue le jeu, à sa façon.

Le plus beau séjour face à son reflet dans le miroir reste celui, dans toute sa splendeur, d'Isabelle Adjani en 2003. L'actrice française qui n'est pas revenue au Festival depuis 1997 accepte de remettre un trophée, celui du joaillier Chopard, à deux jeunes futures vedettes, Gael Garcia Bernal et Diane Kruger. Isabelle se fait une douce violence. Elle n'est pas une toquée de la montée des marches, même si elle en a connu de très belles. Elle fuit flashes et foules. Elle aime être là pour le cinéma, pas pour se donner en spectacle. La leçon d'élégance d'Isabelle commence à l'aérodrome de Mandelieu lorsqu'elle refuse de prendre place dans la Rolls-Royce et qu'elle entre dans l'hôtel Martinez par une porte arrière. Le directeur la salue. Une armada d'assistants attend dans la suite bleu pastel du dernier étage, à elle réservée, dont les larges fenêtres s'ouvrent sur la baie. Sur la Croisette, des centaines d'admirateurs, avertis de sa présence, scandent son prénom sur l'air des lampions. Isabelle sort les saluer, amusée, au balcon de la terrasse. Ils applaudissent celle qu'ils chérissent.

Isabelle Adjani s'installe donc pour vingt-quatre heures. Elle sait que, à Cannes, tout a de l'importance et rien n'a d'importance. Elle commande des assiettes de fruits frais et des carafes de bouillon. Elle s'assied dans l'un des fauteuils de la suite, s'y fait maquiller et coiffer. Des extensions capillaires d'un jour sont collées sur ses cheveux courts. Son visage est fardé de poudre claire, presque blanche. Ses yeux ressemblent à de longs lacs bleutés. Isabelle choisit, parmi les tenues qu'elle a apportées, une robe noire, longue, simple et chic. La seule chose qui lui casse les pieds, c'est d'enfiler des chaussures très inconfortables, qu'elle qualifie de « sculptures ambulantes ». Elle agrémente sa tenue d'un lourd collier de pierres précieuses, qui lui est prêté. À peine l'a-t-elle passé autour de son cou de cygne que se rapprochent d'elle les dénommés Kim et Carla, gardes du corps attachés à sa personne et chargés de veiller sur le trésor. Les garçons d'étage, sous mille prétextes, toquent à la porte, comme s'ils se donnaient le mot pour venir la contempler. Des livraisons de bouquets de roses, blanches et jaunes, ne cessent de fleurir. Isabelle, qui raconte n'avoir toujours vécu à Cannes que des moments forts et violents, descend pour la remise du prix dans l'un des salons du rez-de-chaussée. Légère et aérienne, elle est saluée par Gilles Jacob, président du Festival, qui s'est déplacé pour la circonstance. Par-delà les films difficiles et les œuvres éblouissantes, au-delà des cinéastes et des palmes, le plus important festival de cinéma du monde se transforme, aussi, en salle de bal et en podium de mode. Isabelle, parée, participe de l'éblouissement de la manifestation mais se refuse, cette année-là, à parader sur le tapis rouge du palais. Elle sait que les montées de marches sont, aujourd'hui plus qu'hier, examinées, détaillées et scrutées par les caméras et les objectifs du monde entier. Chaque soir, c'est un spectacle. Sauf pour Isabelle qui, cas singulier, aime à les monter quand elle a un film, mais pas lorsqu'elle n'en a pas. Elle reste donc au Martinez.

Se souvenant avec un zeste d'émotion de l'année où lui fut remis le prix d'interprétation, elle n'a pas oublié qu'elle n'avait pas, en 1981, préparé de robe pour son couronnement et qu'elle n'en avait pas trouvé dans les boutiques proches. Sa voisine de chambre, la comédienne Francine Racette, épouse de Donald Sutherland, lui en avait prêté une, coquille-d'œuf, en dentelles anciennes. Moment de grâce. « Ce soir-là, j'étais dans un état proche de l'Ohio, exsangue. Je ne pouvais plus ni boire ni manger. Je tremblais. Je flottais comme une somnambule. » Elle fut évidemment incandescente. À Cannes, pays des stars qui passent leur temps devant leur beau miroir, Isabelle, qui ne joue pas le jeu en s'y mirant sans relâche, rit de s'y voir si belle.

Coiffeur pour dames

2001 C'est le dernier séjour à Cannes de Jean-Paul Belmondo qui, avec un certain succès, évite consciencieusement les journalistes. L'acteur s'est déplacé, au milieu d'un aréopage impressionnant – Michèle Morgan, Danielle Thompson, Pierre Richard, Gérard Jugnot, Richard Anconina –, pour rendre hommage à Gérard Oury. Une séance spéciale est en effet consacrée au réalisateur de *L'As des as*. **Josiane Balasko**, qui traversa *La Vengeance du serpent à plumes*, allume les festivaliers en venant préparer la sortie d'*Absolutely fabulous*. Dans le film de Gabriel Aghion, au côté de Nathalie Baye, elle joue Eddie, alcoolique et givrée, la coiffure en pétard. Avant la soirée déjantée organisée sur le bateau de Mouna Ayoub, Josy met du désordre dans sa chevelure et de l'ordre dans ses idées.

1999 **Sophie Marceau**, elle, met de l'ordre dans sa chevelure et du désordre dans ses idées. Invitée à remettre la palme d'or, elle arrive à Cannes un dimanche en fin d'après-midi et se prépare, coiffeur et maquilleur aidant, à paraître sur scène. Ayant passé la journée, pour l'association Arc-en-ciel dont elle est la marraine, avec des enfants gravement malades dans des hôpitaux, la confrontation soudaine avec les futilités festivalières la déstabilise et la panique. Annoncée par Kristin Scott Thomas, elle se lance dans un discours un rien incohérent mais profondément généreux. Quelques mufles sifflent mais, le lendemain matin, elle explique pour *Paris Match* à quel point elle était peu préparée à pareille mondanité. Les mots viennent du cœur. Sophie repart, la tête haute.

1955 C'est l'année des deux Brigitte. **Brigitte Bardot**, 21 ans, starlette incontournable depuis deux ans, ne se déplace pas sans une cohorte de photographes sur ses talons. Ils la suivent en bataillon serré jusqu'à bord du croiseur *Richelieu*, ancré dans la baie, dont les marins lui prodiguent une ovation sans précédent. **Brigitte Fossey**, 9 ans, révélée par *Jeux interdits* trois ans auparavant, ne construit plus de châteaux de sable au bord du rivage. Cette année-là, la petite Brigitte n'est pas invitée à Cannes. Elle y séjourne en touriste. Une championne de ski qu'elle rencontre au bord de l'eau l'emmène au Club Cendrillon et la présente à Brigitte la grande. Toutes deux ne se quittent pas, plusieurs heures durant. Se tenant même par la main, les deux comédiennes vont ensemble à la plage et chez le coiffeur. Au palmarès, changement d'importance, le Grand Prix est, désormais, une palme d'or.

Sois belle et tais-toi !

DOUBLE PAGE SUIVANTE

1958 **Sophia Loren** n'est pas seulement une créature sculpturale qui donne du relief au paysage. Après une entrée fracassante au Festival en 1955 avec deux films en compétition, *Le Signe de Vénus* et *L'Or de Naples*, elle se présente, trois ans plus tard, comme la figure de proue du film américain *Désir sous les ormes*, de Delbert Mann. Elle fait la belle, en attendant de filer, furieuse, à l'anglaise. Le long-métrage qu'elle interprète doit être projeté le soir. Le voyant programmé en séance d'après-midi, ce qui est moins prestigieux, elle n'en décolère pas et choisit de faire ses valises. Elle ne gagne rien. En revanche, *L'Orchidée noire*, de Martin Ritt, projeté au Festival de Venise, lui vaut, quatre mois plus tard, une consécration internationale en lui apportant, pour le rôle de Rose Bianco, la Coupe d'interprétation féminine.

SEARLE

1961 S'habillant pour la cérémonie de clôture, **Anthony Perkins**, jeune premier sensible, vient d'atteindre 29 ans. Il ne sait pas encore qu'il va obtenir le prix d'interprétation masculine pour le rôle de Philip, le jeune amoureux américain d'*Aimez-vous Brahms ?*, face à Ingrid Bergman. Le film d'Anatole Litvak est adapté d'un roman de Françoise Sagan, présidente du jury en 1979.

Les garçons aussi le valent bien

1968 Le réalisateur français d'origine polonaise **Roman Polanski** a souvent eu des relations tumultueuses avec le Festival. Marié à l'actrice américaine **Sharon Tate**, il est membre du jury lors de l'édition qui capote cette année-là. Il revient en 1972 avec *Macbeth*, hors compétition, puis avec *Le Locataire* qui, en 1976, ne lui vaut aucun prix. *Pirates*, hué, fait un flop magistral en 1986. Le gros bateau du tournage reste longtemps à trôner dans la baie où il est ancré. Après avoir été président du jury en 1991, il obtient la palme d'or en 2002 pour *Le Pianiste*, inspiré d'événements autobiographiques du temps où, enfant, il vivait enfermé dans le ghetto de Cracovie. Ce film personnel, produit par Alain Sarde, avait été monté financièrement lors de discussions qui s'étaient tenues à Cannes en l'an 2000.

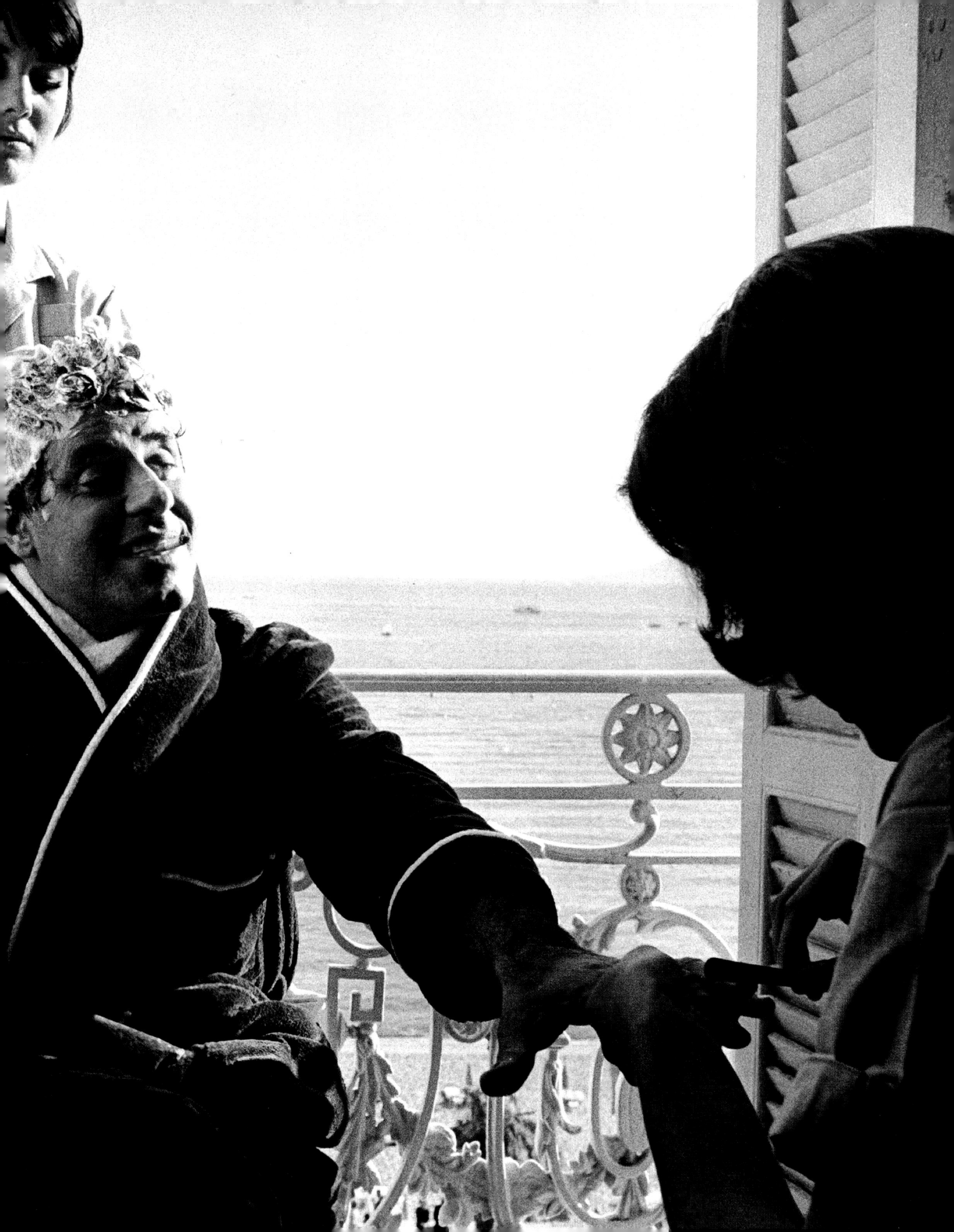

1967 **Jerry Lewis**, expert hollywoodien en grimaces et mimiques en tous genres, ne se prive pas d'afficher sa satisfaction, pendant le pomponnage de ces dames. Profitant de la présence sur une étroite bande de terre longue de 1,5 km et large de 200 m, du gratin des coiffeurs, maquilleurs et autres manucures de la planète, les stars du Festival se font refaire des beautés complètes. Désormais des cabines de soins, tenues par les responsables des plus célèbres salons parisiens et étrangers, sont ouvertes à chaque étage de tous les hôtels. Elles ne désemplissent pas.

1958 L'arrivée de **Jayne Mansfield** crée une agitation inimaginable. Annoncée comme la nouvelle bombe sexuelle et la rivale de Marilyn, la jeune actrice de 24 ans n'a traversé que quelques petits films sans prétention à Hollywood. Nadave Siber, représentant de la Fox, tempête auprès de la direction du Festival parce que rien n'a été fait, et pour cause, pour fêter l'arrivée de cette célèbre star qui n'est, en fait, qu'une quasi inconnue. Il informe sous le manteau les journalistes présents à Cannes de cette arrivée imminente sous les palmiers. Flanquée de **Mickey Hargitay** qu'elle a épousé en janvier, un culturiste hongrois qui fut Monsieur Univers en 1955, Jayne débarque. Et fait sensation. Miss Mansfield se montre exquise, opulente, plantureuse, charnelle, appétissante. En bikini, croupe charnue, seins rebondis, passant peu de temps dans sa chambre et préférant s'exhiber au soleil, elle déclenche attroupements et bousculades. Et met tout le monde dans sa poche.

1966 Dans le tourbillon de sa vie, hésitant, ce soir comme hier et comme demain, entre des dizaines de robes, **Jeanne Moreau** s'apprête à jouer sur du velours. Récompensée, en 1960, par un prix pour son interprétation dans *Moderato Cantabile*, de Peter Brook, ex-æquo avec Melina Mercouri dans *Jamais le dimanche*, de Jules Dassin, Jeanne Moreau reste la seule actrice à avoir présidé le jury du Festival à deux reprises et à vingt années de distance, en 1975 et en 1995.

Juste une mise au point...

2004, **Victoria Abril**. **1957**, **Romy Schneider**. **1958**, **Gina Lollobrigida**. **1956**, **Kim Novak**. À Cannes, une actrice peut parfois sortir le soir sans son mari ou son fiancé, sans une escorte ou un diadème, sans une étole ou une mousseline, mais jamais, au grand jamais, elle ne montrerait le bout de son nez sans son poudrier et sa houppette. Depuis plus de soixante ans, toute comédienne qui vient faire la belle au Festival sort en effet le soir avec, outil indispensable entre tous, un sac à main rempli d'ustensiles de beauté. Au fond, dans le fouillis, pinceau à lèvres, boîte à fards, poudre de riz, tube de mascara, et, surtout, un miroir, un beau miroir, en lequel, le temps d'un regard, les plus belles femmes du monde peignent, peinturlurent, pomponnent, rafraîchissent, rétablissent, réajustent, vérifient que tout est en place. Que tout reste impeccable. Que tout demeure magique.

1957 **Mylène Demongeot** découvre le Festival au bras de Curd Jürgens. Unifrance, qui promeut le cinéma français à l'étranger, la met, professionnellement, dans les bras de l'acteur allemand. Trois ans plus tard, devenue vedette – elle a tourné *Les Sorcières de Salem* et *Bonjour tristesse* –, Mylène revient sur la Croisette. Invitée d'une soirée chez Georges Simenon, président du jury cette année-là, dans sa somptueuse villa de *La Californie*, sur les hauteurs, elle y croise son fils aîné Marc, flanqué de sa prof de philo qui est sa petite amie. Présentée au très prolifique écrivain belge, elle craque malencontreusement, devant lui, l'une des bretelles de son soutien-gorge. Elle rosit. Simenon, ému et amusé, la réconforte. « Ne vous inquiétez pas, mademoiselle, lui dit-il, lorsqu'une jolie fille casse sa bretelle de soutien-gorge dans une maison, elle y revient en maîtresse des lieux ! » Papa Georges ne croit pas si bien dire. À la fin de cette même année 1960, Mylène rencontre à nouveau Marc. Avec le jeune réalisateur, qu'elle épouse en 1968, elle vit une grande passion jusqu'à sa disparition, en 1999. Mylène revient à Cannes en 2006, pour présenter, en veste à fleurs de chez Frank Sorbier, *La Californie*, dans la Quinzaine des réalisateurs.

1955 **Grace Kelly** ne sait pas, lorsqu'elle vient à Cannes cette année-là, qu'elle va y embrasser son destin et y dire adieu au cinéma. L'histoire de la rencontre puis de la romance avec Rainier III, prince souverain de Monaco, est connue. Celle des deux derniers films que, fiancée au seigneur du Rocher, elle partit tourner ensuite à Hollywood – *Le Cygne* et *Haute société* –, l'est également. Mais sait-on que, devenue souveraine, l'ex-star de la Metro Goldwyn Mayer vit arriver à elle d'autres offres ? Les studios d'Hollywood proposèrent en effet à Son Altesse Sérénissime, à deux reprises, le rôle de la Vierge Marie dans *Le Roi des rois* et *La Plus Grande Histoire jamais contée*. Grace n'aurait pas dit non à l'idée de retrouver les caméras, mais le prince et ses sujets l'incitèrent à refuser. En son palais, quelques années plus tard, elle suivit les détails de l'arrivée de son réalisateur favori Alfred Hitchcock, qui présentait sur la Croisette celle qui prenait sa place dans ses films et qui lui ressemblait comme une goutte d'eau à une autre goutte d'eau, Miss Tippi Hedren, qu'elle ne rencontra jamais. Aucun des acteurs américains qui, à un moment ou à un autre, vinrent faire un tour à Cannes, de Rock Hudson à Cary Grant, ne manquaient de quitter le Festival et ses projections pour aller présenter leurs hommages à leur ex-camarade de travail portant couronne qui leur demandait des nouvelles du pays des étoiles.

DOUBLE PAGE PRÉCÉDENTE

1961 Avant la projection officielle d'*Aimez-vous Brahms* ? **Anthony Perkins**, **Ingrid Bergman**, **Yves Montand** qui jouent dans le film d'Anatole Litvak se préparent à faire les beaux. Ingrid Bergman qui fut, en 1946, la vedette, en compétition, de deux films impressionnants, *Les Enchaînés* (*Notorious*) et *Hantise* (*Gaslight*), félicite en 1956 sa copine hollywoodienne Susan Hayward, prix d'interprétation féminine pour *Une femme en enfer*, et préside le jury en 1973. Cette année-là est celle où Luis Buñuel, dont les films battaient jusqu'alors pavillon mexicain, remporte la palme avec *Viridiana*. Le long-métrage n'a pu être visionné par les censeurs du régime de Franco puisque son montage n'a été achevé que quelques jours avant sa présentation au public. À l'issue de la projection, le Vatican hurle au blasphème, le directeur de la Cinématographie espagnole est renvoyé, les articles sur le film sont interdits dans la péninsule Ibérique et les copies sont saisies. Aimez-vous *Viridiana* ? La question ne se pose pas.

Belle du soir

2003 Lors de la 56e édition du Festival, **Monica Bellucci** a fort à faire. Le 14 mai, elle présente la soirée d'ouverture et tire divinement son épingle du jeu. Tout comme elle le fait le 25 pour la soirée de clôture. Entre-temps est présenté *Matrix reloaded* dans lequel elle joue la capiteuse Persephone, femme d'affaires en tenue de latex. La fête qui suit, à laquelle elle participe, reste la plus déjantée de toutes les soirées organisées dans le cadre du Festival. Un feu d'artifice impressionnant, tiré à partir de deux barges amarrées au large, donne l'impression qu'une pluie de braises incandescentes s'abat sur les invités. Le lendemain, encore ivres de bruit et grisés par le nombre d'entrées qu'a atteint le film, tous les comédiens se lancent dans un périple gastronomique de deux jours à travers les auberges étoilées des environs.

DOUBLE PAGE SUIVANTE

1958 Il n'y a pas un seul ministre pour représenter le gouvernement, en raison de l'aggravation du conflit algérien. Les personnalités les plus en vue sont donc deux stars qui, censées se détester, fraternisent et copinent. **Martine Carol** et **Gina Lollobrigida** se sont rencontrées en 1952 sur le tournage des *Belles de nuit*, de René Clair, au côté de Gérard Philipe. Dans la Cadillac toute blanche offerte à sa femme et accordée à la chevelure de Martine, le réalisateur Christian-Jaque pousse la délicatesse jusqu'à aller chercher l'actrice italienne à l'aéroport de Nice. Le Festival fait en sorte que Gina n'arrive qu'après le départ de Sophia Loren. À Cannes, toutes deux incarnent, comme aucune autre vedette, l'éclat inaltérable des années 1950 dans toute leur splendeur apprêtée et leur grâce sophistiquée. En coulisses, déjà, Brigitte Bardot et Claudia Cardinale, plus jeunes et plus naturelles, s'apprêtent à les détrôner l'une et l'autre.

Le dernier vendredi du Festival, le pli est désor-
mais pris. Depuis qu'**Elizabeth Taylor** a lancé le mouvement, le Moulin de Mougins accueille les dîners de charité de l'Amfar (*American Foundation for Aids Research*) qui vient en aide aux malades du sida américains. La première édition, présidée par Sa Grâce Liz en personne, escortée par le baron et la baronne Guy de Rothschild, se déroule dans la salle du restaurant de Roger et Denise Vergé. Depuis 2003, Elizabeth, fatiguée, ne se déplace plus. Le dîner de huit cents personnes, servi sous une gigantesque tente, est désormais concocté par Alain Llorca et orchestré par **Sharon Stone**. Cher, Demi Moore, Ringo Starr sont venus à tour de rôle jouer les commissaires-priseurs. Des lots de toutes sortes – photos de Peter Beard, petit déjeuner avec Naomi Campbell, leçons de tennis avec des champions, bijoux faramineux – sont vendus dans une ambiance hyper chic et bon enfant à la fois. Les festivaliers se battent pour y assister. Les caprices s'y multiplient, l'étalage de luxe s'y montre indécent, les stars s'y bousculent sans retenue, mais la cause est bonne. En **2002**, Sharon Stone assure le spectacle en faisant mine d'arracher son collier de diamants à Elizabeth Taylor, devant le mannequin Iman.

la dolce vita

Les coupes glacées de vin de champagne se lèvent à la santé de Federico le grand. À bord du yacht blanc ancré dans le port de Cannes, sur les coups de dix-sept heures sonnées au clocher de l'église du Suquet, les vedettes du dernier film de Fellini lui portent un toast lors d'un cocktail extrêmement privé. Il y a là Marcello Mastroianni qui joue le héros, et aussi ses partenaires Yvonne Furneaux, Nadia Gray, Magali Noël, Anouk Aimée et Alain Cuny. La sculpturale Anita Ekberg brille par son absence. Réunis sur le ponton arrière autour de Federico et de sa femme Giulietta Masina, blonde comme une Suédoise, tous arborent des tenues de fin d'après-midi, élégantes mais sans chichis.

Quelques célébrités sont invitées à fêter avec eux, en cette édition 1960, la présentation en sélection officielle et en compétition de *La Dolce Vita* sur le grand écran de l'ancien palais. Parmi elles, Belinda Lee, en robe à fleurs, brune comme une Italienne, et Gilbert Bécaud avec une cravate à pois. Sur le yacht se trouve Roberto Rossellini. Personne n'en croit ses yeux. Chacun ne cesse de s'interroger sur la présence du cinéaste, car chroniqueurs et critiques du cinéma mondial savent bien que les deux réalisateurs italiens ne se portent pas dans leur cœur. Pourtant, Rossellini est venu, lunettes noires et sourire en coin, et déambule verre à la main sur le ponton de bois. Il s'approche de son rival et, devant les photographes, lui serre la main.

Lors de la projection de presse du matin, le film a suscité de violentes controverses. Brouillé avec Fellini depuis plusieurs mois, Rossellini a cependant tenu à manifester ostensiblement son soutien. Nadia Gray, marquise pour l'état civil puisque mariée à un aristocrate transalpin, donne le signal du départ en annonçant qu'elle court se changer pour la projection de début de soirée. Les dames s'envolent. Le cocktail est semblable à des quantités d'autres. So chic. Frissons de soie et frémissements de soi. Au palais, la projection du soir est agitée. Les sifflets fusent. Le film suscite lazzis et huées.

Au jury, Georges Simenon milite pour que la palme d'or soit décernée à *La Dolce Vita* à l'unanimité. La même année, les spectateurs accablent d'insultes *L'Avventura*, de Michelangelo Antonioni. La projection du chef-d'œuvre de Fellini terminée, des spectateurs, certains debout sur leur siège, manifestent et tempêtent tant et plus. L'émeute gronde.

À minuit, les acteurs et les invités de la production gagnent la villa Bénéfiat louée à Super-Cannes, en haut du Cannet. Quatre-vingts kilos de spaghettis, deux cents litres de chianti et autant de scotch attendent les cinq cents privilégiés conviés au souper qui suit. Cette soirée, dite « romaine » sur le carton d'invitation, se déroule dans un immense parc éclairé de torchères, autour d'une piscine où, en smokings noirs et robes du soir, on pêche à la ligne des bouteilles de whisky irlandais. Certaines flottent à la surface. Une quinzaine ont été déposées au fond. Gilbert Bécaud et le réalisateur Norbert Carbonnaux, canne en main, sont les premiers à s'y essayer. Beaucoup s'amusent avant de se décider à précipiter dans l'eau quelques pin-up de service. L'exemple du film fait école. Deux starlettes, les dénommées Jocelyne Janséli, blonde de dix-huit ans en robe blanche, et Sophie Désirade, autre blonde de dix-huit ans en robe rose, sont les premières victimes, puis plusieurs femmes du monde, un chef de publicité et un photographe suédois qui a la présence d'esprit de lever les bras pour sauver de l'immersion son instrument de travail. Une dame brune, poussée dans le bain, garde le sens de la dignité en réajustant ses longs gants blancs avant de s'en extraire. Quelques-unes plongent malgré elles, d'autres de leur plein gré. Des jolies filles en robes haute couture finissent par se baigner, leurs tenues déployées en corolles comme des nénuphars dans un étang. L'une remet en place son bustier qui, trempé, lui remonte jusqu'à la gorge. Marcello se bouche les oreilles en raison de la cacophonie ambiante. Le cinéaste américain John Berry traîne assis sur la margelle en compagnie de Magali Noël, chevelure platine. L'Israélienne Haya Harareet, l'Esther de *Ben-Hur*, en robe bouffante de taffetas noir avec rosaces rebrodées d'or, se fait courtiser avec ce qu'il faut d'insistance par un Michel Simon rasé de près et propre comme un sou neuf. Dany Saval mange son assiettée de pâtes à genoux. Les starlettes montent se sécher au premier étage, dans l'une des vingt-quatre chambres de la villa. À quatre heures du matin, emmitouflées dans des couvertures de laine chaude et tassées sur un haut lit à baldaquin, elles attendent encore que leurs robes soient portables. L'une d'elles lit à haute voix *Sexus* d'Henry Miller. Une musique alignant des airs de bel canto grésille, et quelques couples dansent, collés, en titubant dans l'aube naissante.

La fête folle de *La Dolce Vita* reste dans les annales comme la plus emblématique de toute l'histoire du Festival, où la tradition des nuits blanches est bel et bien établie depuis des lustres. D'autres fêtes suivent. On voit Jeanne Moreau virevolter entre verres et assiettes, sur une gigantesque table de déjeuner, sous un toit de cannisse, en 1958. Isabelle Adjani, drapée dans une longue cape de velours bleu, contemple en madone solitaire la mer éclairée par les étoiles, pendant que ses partenaires de *La Reine Margot* font les fous sur la terrasse de la villa Gould, en 1994. En 2001, Kate Moss, portant un épais manteau de fausse fourrure et des boucles d'oreilles en diamants d'archiduchesse autrichienne qu'elle risque de perdre à chaque seconde, tressaute sur la plage au beau milieu d'une fête gitane. Elle est surveillée comme du lait sur le feu par les gardes du corps du bijoutier qui les a prêtées, tétanisés à l'idée qu'elles disparaissent dans le sable clair et la nuit noire. Emir Kusturica rythme, sous les étoiles, les danses de Salma Hayek et de Javier Bardem, en 2005.

À Cannes, à l'heure où le jour se lève, la vie commence toujours à ressembler à un film.

DOUBLE PAGE SUIVANTE

1960 Après la projection pharaonique de *Ben-Hur*, *Jamais le dimanche* fait figure de film fauché comme les blés. La réception qui suit change la donne. **Melina Mercouri**, **Jules Dassin** et leurs invités dansent le sirtaki sur l'air des *Enfants du Pirée*, de Manos Hadjidakis. Cinq cents bouteilles d'ouzo, envoyées de Grèce par avion diplomatique, sont débouchées pour accompagner assiettes de moussaka et de poissons séchés. Un premier fêtard, rapidement suivi de plusieurs autres, balance son verre par-dessus l'épaule, et ainsi jusqu'à une heure avancée du petit matin. Personne ne boit avec modération. Certains cassent leurs assiettes. Dix mille verres et presque autant d'assiettes jonchent le sol. La folie se poursuit dans la fièvre, et chacun continue à boire de l'ouzo et à danser le sirtaki.

Tenue de soirée... pour fêtes privées...

2005 Cécile de France est la maîtresse de cérémonie des séances d'ouverture et de clôture. George Lucas est, lui, maître de *La Guerre des étoiles* dont il présente à minuit, dans une indescriptible cohue, le troisième volet, *La Revanche des Sith*. Les invités de cette avant-première mondiale sont accueillis dans la salle de projection par des soldats de l'Empire qui montent la garde sur le tapis rouge. Pendant ce temps, **Liza Minnelli** monte sur scène au gala de l'Amfar. À l'invitation de **Sharon Stone** et en présence de **John Galliano**, au look éternel de cow-boy grunge, elle interprète quelques chansons et met *New York, New York* aux enchères. Chez elle, à Beverly Hills, réveillée en dépit du décalage horaire, Elizabeth Taylor suit toute la cérémonie par téléphone en multipliant commentaires et invites. « I want your money » est sa rengaine.

1994 Le temps d'une photo, le Festival de Cannes offre aux regards, dans les couloirs et les coulisses, des rencontres drôles, amusantes et inopinées. À l'occasion du dîner du gala d'ouverture, entre les chaises de bois doré, se retrouvent trois créatures légendaires, icônes de mode. **Claudine Auger**, héroïne de Cocteau, première James Bond girl française dans *Opération tonnerre*. **Ira de Fürstenberg**, altesse sérénissime et princesse germano-italienne, qui, d'abord pour faire enrager sa famille, ensuite parce qu'elle adorait cela, devint actrice et donna la réplique à Peter Lawford, Curd Jürgens et Robert Hossein. Et **Marisa Berenson**, la quintessence du chic, dont les trois premiers films sont des œuvres mythiques (*Mort à Venise*, *Cabaret* et *Barry Lyndon*), partenaire de Clint Eastwood dans *Chasseur blanc, cœur noir* présenté à Cannes en 1990.

1957 **Brigitte Bardot** a un nouveau statut d'actrice de comédie. Elle en paraît heureuse, comme si les rôles farfelus et pétillants la mettaient plus en accord avec elle-même. Renonçant à son image de sex-symbol qu'elle n'aime pas, elle refuse de jouer le jeu et choisit de ne pas se prêter aux exigences d'un métier qu'elle apprécie mais dont les à-côtés l'agacent. BB est à ce jour – avec Elizabeth Taylor – la seule actrice à avoir osé défier le Festival et à l'avoir déplacé jusqu'à elle. En effet, face aux refus de l'actrice de venir jusqu'à Cannes, les journalistes et les festivaliers désertent la Croisette pendant quelques heures. Ils courent jusqu'aux studios de la Victorine, à Nice, pour voir BB qui y tourne une comédie.

1993 Cette année-là, *Ma saison préférée* d'André Téchiné, avec Catherine Deneuve, fait l'ouverture du Festival, et **Isabelle Adjani** le clôt avec *Toxic Affair*. Elle n'a pas revu Cannes depuis 1981 où elle a remporté le prix d'interprétation pour *Quartet* et *Possession*. Elle réapparaît enfin en star au gala final, remettant la palme d'or à Chen Kaige pour *Adieu ma concubine*. Le Festival avait d'abord souhaité conclure l'édition 1993 avec *Jurassic Park* mais, évidemment, a préféré accueillir Isabelle, invisible depuis tant d'années. Elle ne reste que quelques heures et est heureuse de retrouver son public, avant de partir pour Paris au milieu de la nuit. La reine Isabelle reprend le tournage, le lendemain aux aurores, de *La Reine Margot*, de Patrice Chéreau.

La plus belle pour aller danser

2002 **Virginie Ledoyen** se demande encore pour quelles raisons précises elle a été choisie. La direction du Festival propose en effet à la jeune actrice de jouer les maîtresses de cérémonie des soirées d'ouverture et de clôture. Sa maman et son agent, presque au coude à coude dans la salle, comprennent vite pourquoi, comme des rangées entières de spectateurs et de téléspectateurs. Elle est fraîche, gracieuse, auréolée d'une gloire récente et nimbée de nouveauté, même si elle a démarré sa carrière dans la publicité très tôt. À Cannes, la route des étoiles passe aussi par les fêtes et par le strass. Chaque soir, comme dans une ronde de nuit sans fin, les acteurs et les actrices invités courent, sur les pontons et sous les palmiers, d'un bal l'autre, d'une réception l'autre.

2006 Clotilde Courau n'apparaît qu'un seul soir au Festival en majesté. Elle se prépare dans sa chambre du Majestic et, empruntant les escaliers, enceinte de sa seconde petite fille, Luisa, part pour monter les marches et assister à la séance du *Caïman*, de Nanni Moretti. Jeune épouse du prince héritier de la maison royale d'Italie, Clotilde tient à ne pas faire oublier qu'avant d'être princesse elle est aussi actrice et désireuse de continuer son métier. En 2004, après son mariage, elle monte les marches sans son mari. Souhaitant changer de tête, elle se fait couper les cheveux presque au carré dans sa chambre. Sur les marches, les photographes immortalisent, jusqu'à la folie, cette nouvelle coiffure. Le soir, elle retrouve Quentin Tarantino, pour lequel elle avait passé une audition onze années auparavant, lorsqu'elle séjournait à Los Angeles et qu'il préparait *Pulp Fiction* qui lui valut une palme d'or en 1994.

DOUBLE PAGE SUIVANTE

1953 Les festivaliers n'entrent point comme ils le souhaitent au palais. La règle est stricte. Le nœud papillon s'y avère obligatoire. Depuis sa maison de Vallauris, **Pablo Picasso** téléphone à Jean Cocteau qui préside le jury et demande à bénéficier d'un passe-droit afin de pouvoir assister, le soir même, à la projection du *Salaire de la peur* en compagnie du réalisateur **Henri-Georges Clouzot** (qui est son ami de trente ans), de sa femme Vera et d'Yves Montand. « Je n'ai jamais eu de smoking. » Amusé, l'écrivain accorde l'autorisation au peintre de venir comme bon lui semble, « en artiste », pour la soirée d'ouverture et le gala qui suit aux Ambassadeurs. Picasso débarque avec un nœud papillon noir, une pelisse de berger en peau de mouton sur le dos, sa compagne Françoise Gilot à son bras. Devant la caméra de Clouzot, Pablo sera le héros, trois ans plus tard, du documentaire *Le Mystère Picasso*, prix spécial du jury.

Un ange à ma table…

1997 Jacques Chirac est le premier, et seul à ce jour, président de la République française à rendre visite au Festival. Cette année-là est l'édition du cinquantenaire, mais le président ne vient pas faire la nouba pour autant. Il pose d'abord au milieu d'une quarantaine de cinéastes internationaux et serre dans ses bras **Gong Li**. **Isabelle Adjani**, qui préside cette édition, se joint au groupe au côté du plus célèbre hôte politique de l'histoire de la manifestation. Lunettes noires sur le nez et appareil photo jetable dans les mains, elle prend des clichés du groupe compact de photographes. Puis le président enchaîne avec un déjeuner, ce même dimanche à midi, assis entre la star absolue du cinéma français à sa droite, qui garde ses lunettes noires, et Gong Li à sa gauche à laquelle il déclare : « I am a very very lucky man ! »

2002 Sir **Elton John** ne manque aucune édition des dîners de l'Amfar. Une année, au bras de son mari David Furnish, il y a notamment mis aux enchères son piano. Lors de l'édition 2002, voisin de table du mannequin **Iman**, ex-Mme David Bowie, affublée de la plus chère et plus lourde parure de diamants du monde, il fait mine de la croquer. Surveillée en permanence par trois gardes du corps, la pierre de 203 carats nécessite, pour une simple sortie nocturne, la souscription d'une assurance de près de 110 000 euros. Cette même année, en présence, entre autres, de Lionel Richie, Adrian Brody, Meg Ryan, Liz Hurley, Luc Besson et Donatella Versace, Elizabeth Taylor, très fatiguée, soutenue par deux de ses proches, lance un chaleureux « je vous aime » aux cent cinquante photographes massés sur la chaussée, devant le restaurant.

DOUBLE PAGE PRÉCÉDENTE

1986 Un mois avant sa mort, **Coluche**, qui ne manque ni d'air ni de sensualité, s'affuble en France Roche à la suite d'un pari. Il avait écrit le nom de la célèbre chroniqueuse de cinéma sur un badge épinglé sur sa poitrine. Robe moulante blanche et serre-tête fleuri, il escalade les marches du nouveau palais. Pour le dîner, il n'hésite pas à se lancer dans le marivaudage en faisant un brin de cour à **Roman Polanski**, à deux doigts de céder à tant d'empressement.

Tous en piste...

1961 L'année où John Wayne débarque sur la Croisette, en touriste arrivant de la mer par bateau, vient aussi poser ses bagages à Cannes **Claudia Cardinale**, affriolante et fraîche, bronzée comme un brugnon. La jeune actrice italienne effectue une entrée en fanfare dans le beau monde du cinéma. Pour ses débuts au Festival, elle fête, la même année, ses 23 ans et deux films en compétition, *La Fille à la valise* et *Le Mauvais Chemin*. Elle ignore encore que, dans le cinéma italien, elle compte déjà deux rivales d'envergure qui s'entredéchirent et qu'il lui faut terrasser. Gina et Sophia sont les stars transalpines par excellence, omniprésentes au Festival où elles se rendent chaque année. Jouant des coudes, des épaules et du torse, Claudia se faufile et se fait, à leur côté, une place au soleil pour avoir sa part du gâteau. Deux ans plus tard, elle reprend ses marques avec deux films, deux chefs-d'œuvre à nouveau en même temps, *Huit et demi* et *Le Guépard* qui la voit valser sur l'écran et lors de la réception qui suit au son de la *Valse brillante* de Verdi. Trois décennies plus tard, en 1993, Claudia est membre du jury présidé par Louis Malle.

1966 Après avoir accueilli, dans le salon d'honneur de l'aéroport de Nice, **SAR la princesse Margaret d'Angleterre** qu'accompagne son mari le photographe **Anthony Armstrong-Jones**, titré comte de Snowdon, **LLAASS le prince et la princesse de Monaco** leur font un petit brin de conduite jusqu'à Cannes. La sœur de la reine Elizabeth II doit présider la projection du film britannique *Modesty Blaise*. Là, lors de la réception donnée dans la grande salle du Palm Beach, à la pointe de la Croisette, les deux couples princiers dansent et composent, joue contre joue et cœur à cœur, un tableau historique et sentimental touchant dans un univers des plus spectaculaires.

pas de danse endiablé. Jeanne Moreau, elle non plus, ne cache pas sa joie de faire cette année-là son entrée officielle dans la compétition, grâce à *Ascenseur pour l'échafaud,* de Louis Malle, avec des tenues de vamp renversante et des robes juponnées.

2000 Son Altesse Sérénissime le prince héritier de Monaco manque rarement les soirées de l'Amfar, où il adore apparaître au bras de top-modèles internationaux. Claudia Schiffer et Angie Everheart y sont ses escortes. Sharon Stone réussit à le faire monter sur scène, danser et chanter. Après un dîner composé d'une cassolette de homard aux girolles, de mignonnettes d'agneau de Sisteron, de polenta aux olives, de pétales de pommes de terre à l'ail, de chocolatine de fraises et de moelleux à la pistache pour un coût, par couvert, de 17 000 à 75 000 francs – le prix dépend de l'emplacement de la table –, le futur souverain monégasque s'illustre avec générosité. Aux enchères, il achète une valse avec sa copine **Karen Mulder**, pour une somme adjugée à 22 000 dollars, soit 154 000 francs. Elton John, en veste taillée dans une toile à tapisserie en impression de cachemire rose, s'installe au piano. Et, bonhomme, le couple s'exécute. Accrochés l'un à l'autre, Albert et Karen dansent et, dans la salle, les convives les applaudissent, debout, épatés par autant d'acrobatie que de panache.

DOUBLE PAGE SUIVANTE

2005 Après la proclamation du palmarès, **Emir Kusturica**, réalisateur yougoslave et président du jury, donne rendez-vous à ses copains sur la plage au milieu de la nuit. Il se dépêche de quitter la réception officielle et retrouve sa formation musicale, No Smoking Orchestra, qui compose la bande originale de ses films. Il y joue de la guitare, son fils Stribor y tient la batterie. La formation, au grand complet, se fait alors entendre. Et pas sur le mode mineur. La comédienne mexicaine **Salma Hayek**, l'acteur espagnol **Javier Bardem**, tous deux membres du jury, et d'autres dont Penelope Cruz, Diego Maradona et Guillermo Arriaga rejoignent Emir et la petite troupe, sur le sable, devant l'hôtel Martinez. Tous mettent le feu aux étoiles et accréditent l'idée, par l'image qu'ils offrent, que les gens de cinéma sont aussi un peuple qui semble cracher des fleurs de feu et trépigner pour les éteindre.

index des noms

Les numéros de page en rouge renvoient aux photographies

remerciements

Henry-Jean Servat tient à embrasser Monica Bellucci.

Et à associer à cet ouvrage tous les journalistes de *Paris Match*, rédacteurs et photographes, qui se sont illustrés, avant lui ou avec lui, sur la Croisette, depuis plus d'un demi-siècle : Claude Azoulay, Jérôme Béglé, Jean-Pierre Biot, Irène Dervize, Jean-Claude Deutsch, Jean Diwo, Pierre Galante, Agathe Godard, François Gragnon, Jean-Michel Gravier, Benno Graziani, Patrice Habans, Guillaume Hanoteau, Dany Jucaud, Kris et Jacques Lange, Pauline Lévêque, Roger Mauge, Virginie Merlin, Sébastien Micke, Marie-Charlotte Pedrazzini, Roger Picherie, Colette Porlier, Edward Quinn, André Sartres, Michou Simon, Alain Spira, Catherine Tabouis, Henri Tullio, Jean-Claude Vérots, Jean-Claude Zana.

Il souhaite bonne chance à celles et ceux qui suivront.

Et il adresse des remerciements amicaux à :
Laurence Basset et Nicolas Rabeau,
Fernande Ricordeau, Pascal Beno et Marc Brincourt,
qui ont choisi les photographies du livre,
ainsi qu'à Martine Assouline,
Axel Schmitt et Chrystelle Lance,
Philippe Legrand et Christopher Robba.

CRÉDITS PHOTOGRAPHIQUES

Claude Azoulay/Paris Match : pp. 24-25, 27, 28 (gauche), 46, 68, 71, 74, 95, 120 (haut), 151. Claude Azoulay/Michou Simon/Jack Garofalo/Paris Match : p. 150. Jean-Pierre Biot/Paris Match : p. 23. Jean-Claude Deutsch/Paris Match : pp. 20, 40, 50, 119. Jean-Claude Deutsch/Bernard Wis/Paris Match : p. 40 (bas). Jean-Claude Deutsch/Jacques Lange/Paris Match : p. 48. Jack Garofalo/Paris Match : pp. 29, 45, 58, 66-67, 98-99, 102-103, 118, 147, 153 (en haut, gauche et droite), 160-161. Jack Garofalo/Michou Simon/Paris Match : pp. 117, 129, 143, 153 (bas). François Gragnon/Paris Match : pp. 21, 22, 26, 34, 78-79, 80, 96, 100-101. Benoit Gysembergh/Paris Match : pp. 44, 141. Patrice Habans/Paris Match : pp. 146, 156-157. Kris-Séraphin Lange/Paris Match : p. 77. Jacques Lange/Paris Match : pp. 51, 70, 115, 140, 159, 170 (bas), 172 (gauche). André Lefebvre/Paris Match : pp. 131, 132-133, 134. Sébastien Micke/Paris Match : pp. 31 (haut), 40 (haut), 41, 56-57, 105, 124-125, 152, 170 (haut), 173. François Pagès/Paris Match : p. 75, 128. Edward Quinn/Paris Match : p. 8. André Sartres/Paris Match : pp. 16-17, 28 (droite), 82, 84-85, 86, 97 (bas), 168-169, 188-189. Jean-Claude Sauer/Paris Match : pp. 148-149. Michou Simon/Paris Match : pp. 1, 65, 69, 81, 122, 123, 155, 174-175, 192. Michou Simon/Jack Garofalo/Paris Match : p. 97 (haut). Michou Simon/Claude Azoulay/Paris Match : pp. 106-107, 116, 144-145. Henri Tullio/Paris Match : pp. 172 (droite), 184-185. René Vital/Paris Match : p. 76, 154. Archives Paris Match : pp. 18-19, 72, 73, 171, 181. AFP : p. 127. AFP/Getty Images : p. 114. Frédéric de Lafosse/Corbis/Sygma : pp. 178-179. Leo Mirkine/Corbis/Sygma : p. 182. Éric Robert/Corbis/Sygma : p. 121. Corbis/Kipa : p. 55. Corbis/Sygma : pp. 104 (haut, gauche), 176. Benainous-Catarina/Gamma : pp. 10, 30, 31 (bas). Benainous-Catarina-Legrand/Gamma pp. 32-33, 104 (droite). Benainous-Duclos/Gamma : pp. 54, 92-93, 104 (bas, gauche). Richard Schroeder/Gamma : p. 83. Tourte/Stills/Gamma : p. 180. Gamma : p. 126. Carlo Allegry/Getty Images : p. 108. Vincent Kessler/Reuters/MaxPPP : p. 162. MPA-Stills : p. 49. Barthélémy-Nivière/Sipa Press : pp. 52-53. Baverel-FTW/Starface : p. 43. Philippe Ledru : p. 120 (bas). Droits réservés : pp. 47, 177, 183.

recherches iconographiques
Marc Brincourt, chef du service photo de *Paris Match*

direction artistique et réalisation
François Huertas

responsable technique
Bernard Péronnet

éditeur
Nicolas Rabeau

lecture-correction
Michelle Teboul

photothèque Paris Match
Pascal Beno
Ivo Chorne
Claude Barthe
Françoise Ansart
Catherine Ozyurek
Fernande Ricordeau

rédacteur photo numérique
Nicolas Héron

documentation texte
Brigitte Sayada

photogravure
Quadrilaser

achevé d'imprimer sur les presses de l'Imprimerie Clerc à Saint-Amand-Montrond (France).

ISBN : 978-2-85018-938-8
Numéro d'éditeur : 1505
Dépôt légal : mai 2007

FIN